元宇宙规治

法律、伦理、治理与监管

郭勤贵——著

REGULATION AND GOVERNANCE
OF METAVERSE

中国出版集团
中译出版社

图书在版编目（CIP）数据

元宇宙规治：法律、伦理、治理与监管 / 郭勤贵著. -- 北京：中译出版社，2022.8
ISBN 978-7-5001-7151-5

Ⅰ. ①元… Ⅱ. ①郭… Ⅲ. ①信息经济—研究 Ⅳ. ① F49

中国版本图书馆 CIP 数据核字（2022）第 132490 号

元宇宙规治：法律、伦理、治理与监管
YUANYUZHOU GUIZHI: FALV LUNLI ZHILI YU JIANGUAN

著　　者：郭勤贵
策划编辑：于　宇　李晟月
责任编辑：李晟月
文字编辑：纪菁菁
营销编辑：黄秋思　马　萱
出版发行：中译出版社
地　　址：北京市西城区新街口外大街 28 号普天德胜大厦主楼 4 层
电　　话：（010）68002494（编辑部）
邮　　编：100088
电子邮箱：book@ctph.com.cn
网　　址：http://www.ctph.com.cn

印　　刷：北京中科印刷有限公司
经　　销：新华书店
规　　格：710 mm×1000 mm　1/16
印　　张：15.5
字　　数：173 千字
版　　次：2022 年 11 月第 1 版
印　　次：2022 年 11 月第 1 次印刷

ISBN 978-7-5001-7151-5　　　定价：79.00 元

版权所有　侵权必究
中　译　出　版　社

前言

技术、法律与规制是元宇宙成功实现的前提

元宇宙到底是电影《头号玩家》里的绿洲，还是电影《黑客帝国》里的矩阵世界？也许两者都是，也许两者都不是，但不管怎样，未来已经呼啸而来！

元宇宙无疑是一个冒险的世界，但更是一个充满创新和想象力的世界。元宇宙不仅是一个由技术构造的虚拟世界，还是一个与现实世界平行的世界。元宇宙是真实世界的延伸，而不是相反或者等同的。元宇宙是虚拟社会、数字世界、意识的世界，也是可编程的世界。

元宇宙绝非一个筐，什么新技术都往里装。根据当下的理解，感知技术是实现由现实世界进入虚拟世界和沉浸于虚拟世界的工具，而区块链等技术则是促进虚拟世界生态系统内社交活动、经济

活动和商务活动等元宇宙活动健康发展的基础。与探索外太空的星辰大海类似，元宇宙也是人类对现实世界的美好愿望与想象幻灭之后，庄子逍遥游似的理想与心灵寄托，不过这个寄托是通过新技术得以实现与呈现的，而不再仅仅是一个美丽的梦境！

虽然元宇宙概念在新冠肺炎疫情之下的第二个年头突然爆发，但这并不意味着元宇宙从此就开启了伟大的征程。相反，它肯定还会经历挫折、失望与泡沫破裂的绝望，这也是所有科技创新的必由之路。

理想虽然很丰满，现实却很骨感！这句话依然适用于当下元宇宙的发展进程。技术缺陷、法律缺失、伦理失范、治理茫然、监管缺位等事实正在影响着元宇宙的发展。

首先，元宇宙构建在新技术之上，无论是 XR(Extended Reality，扩展现实)、可穿戴设备、脑机接口、物联网、算力等感知交互技术，还是构建元宇宙经济系统的底层技术——区块链，都必须满足人们对元宇宙的所有体验与想象。只有将这些技术不断发展、迭代，使之不断趋于成熟，才能搭建起人们寄予厚望的虚拟世界。因此，技术才是实现元宇宙生态体系框架及有形结构的前提。而在这些技术没有成熟之前，难言元宇宙会有多大程度的发展。现实是，虽然区块链、5G（第五代移动通信技术）、人工智能（AI）、3D 引擎、VR/AR/MR（Visual Reality 虚拟现实 / Augmented Reality 增强现实 / Mixed Reality 混合现实）、脑机接口等底层支撑技术已取得巨大进步，但距"元宇宙"概念落地仍有较大差距。由此可见，试图把现有网络、硬件终端和用户囊括进这一数字虚拟系统中，并建立完整的元宇宙生态系统，并非朝夕之功，仍需要大量基础研究和应用场景作支撑。

其次，无论元宇宙是处于数字孪生、数字原生还是虚实相生阶段，元宇宙都与现实世界有着一定的关联。因为无论技术如何构建起完美的虚拟世界，用户依然是有血有肉、有七情六欲、需要吃饭睡觉的现实世界中的人，虽然精神可以活在元宇宙之中，但肉体还要活在现实世界之中，毕竟完全理想化的、去中心化的世界是根本不存在的，而且元宇宙中也存在着欺诈与暴力、黑暗与邪恶。没有规矩不成方圆，元宇宙同样需要法律法规，来指导元宇宙世界里人们的行为，来建立元宇宙世界里的良好秩序，来维护善良诚信者的权益和制止与惩罚邪恶，对元宇宙里的纷纷扰扰予以定分止争。因此，完善的法律法规是元宇宙健康发展的前提。如果技术是硬件，那么法律法规就是元宇宙的软件。

再次，元宇宙涉及多项前沿科技，在伦理上面临双重冲击。一方面，以数字孪生技术为基础的虚实结合或映射，对现实世界法律法规及伦理带来巨大的冲击，这个冲击是全方位的，无论是数据、网络、知识产权、权益归属、货币、经济系统、金融及监管等方面，还是社会治理、社会伦理等方面都受到了冲击，而现实世界还没有想清楚如何应对这一巨大冲击。另一方面，数字原生和虚实相生的元宇宙创造出、创设出更多现实世界尚不可知的新生事物，这就为元宇宙系统本身带来了巨大的法律法规需求及伦理难题，而现实世界尚无可供参考的答案。因此，根据元宇宙技术及其技术构建的系统情况，确立有关的伦理道德规则，是元宇宙健康发展的基础。

最后，治理与监管则是元宇宙健康发展的必要条件。既然元宇宙是人打造的，就不可能超然于人之外。况且当下很长一段时间内，所谓的元宇宙项目也主要由互联网巨头来主导，由于各个平台的认知及模式不同，会出现多个元宇宙系统。而这些系统的设计模式主要取决于平台最初制定的规则。此外，元宇宙还跨越国家管辖，涉及多个法域，而每个法域的监管及法律又有所不同，这就涉及跨境合作的问题。所以，对于元宇宙而言，监管是必须的。除了外部监管之外，元宇宙还需要自身的治理，这个治理不同于现实世界的法治或人治，而是"代码即法律"的技术规则之治。良好的元宇宙系统，必定是一个可以彰显人性之善、公正、公平、可信赖的系统，必定有一个好的治理机制。

在元宇宙概念及其各种想象中的应用席卷而来之时，业界不仅应看到其巨大的想象空间和发展机会，也应看到其现实的问题与瓶颈。不仅应看到现有技术的不足，更应意识到法律、伦理、治理与监管的缺位及其对元宇宙发展生死攸关的影响。若不想元宇宙的发展像当年的 P2P 及区块链币圈那样乱象丛生，就应当在元宇宙发展之初就思考法律、伦理的底线与红线，并从 2021 年教育培训、医药、房地产与互联网科技等四大行业发展逻辑的重构中充分认识到，法律与政策才是一切估值逻辑的核心与基础。

郭勤贵
于北京 2022 年 9 月 6 日

目 录

第一篇 元宇宙

第一章 元宇宙前世今生

一、从《雪崩》到《失控玩家》_ 003

二、从《红楼梦》到"灵境"_ 005

三、当 XR 遇到区块链 _ 007

四、元宇宙究竟为何物 _ 008

五、巨头的觉醒 _ 009

六、元宇宙三层构造 _ 012

七、三个发展方向 _ 014

第二章 元宇宙技术架构

一、两大底层技术的成熟推动 _ 017

二、三大生产要素 _ 018

I

三、四大技术支柱——BAND _ 020

　　四、元宇宙四大工具 _ 020

　　五、元宇宙六层架构 _ 024

　　六、六大技术全景图 _ 026

第三章　元宇宙生态系统

　　一、元宇宙主要组织形式——DAO _ 028

　　二、元宇宙重要表达形态——NFT _ 029

　　三、交互呈现方式——3D _ 029

　　四、元宇宙运行逻辑——DeFi _ 030

　　五、元宇宙数据逻辑——Web 3.0 _ 030

　　六、元宇宙入口——算力与硬件 _ 032

　　七、元宇宙运转的动力——数学 _ 032

第四章　元宇宙价值功能

　　一、商业价值：协作经济与创作经济 _ 034

　　二、技术价值：未来技术的组合应用 _ 035

　　三、社会价值：数智时代的新型秩序 _ 037

　　四、终极价值：时空延展的无限游戏 _ 038

第五章　制约元宇宙发展的瓶颈

　　一、无界的虚实交互：技术瓶颈 _ 039

　　二、现实世界的冲击：法律难题 _ 041

　　三、元宇宙中的治理：规则制定 _ 046

　　四、前沿技术的组合：伦理窘境 _ 048

　　五、去中心化的悖论：再中心化 _ 051

第二篇　元宇宙法律

第六章　元宇宙法律通则
一、元宇宙知识产权法律 _ 055

二、元宇宙数据合规法律 _ 056

三、元宇宙侵权法律责任 _ 059

四、元宇宙监管与规制问题 _ 059

五、元宇宙反垄断与不正当竞争 _ 060

六、元宇宙刑事犯罪法律问题 _ 061

七、元宇宙产权保护与财产继承法律制度 _ 062

第七章　未来技术与法律
一、VR 与法律 _ 063

二、人工智能与法律 _ 068

三、计算与法律 _ 070

四、数字孪生与法律 _ 074

五、数字原生与法律 _ 078

六、算法与法律 _ 080

七、中国现行法规对算法的规制 _ 084

八、物联网与法律 _ 085

九、脑机接口与法律 _ 086

十、人脸识别与法律 _ 089

十一、隐私计算与法律 _ 093

十二、区块链与法律 _ 095

第八章　元宇宙生态与法律

　　一、NFT 与法律 _ 098

　　二、DeFi 与法律 _ 108

　　三、GameFi&SocialFi 与法律 _ 110

　　四、Token（FT）与法律 _ 114

　　五、智能合约与法律 _ 117

　　六、DAO 与法律 _ 121

　　七、Web 3.0 与法律 _ 124

　　八、经济系统与法律 _ 127

第九章　元宇宙主体与法律

　　一、虚拟数字人与法律 _ 130

　　二、超仿真机器人与法律 _ 134

　　三、数字分身与法律 _ 137

　　四、元宇宙相关主体与法律 _ 139

第十章　元宇宙安全与法律

　　一、数字身份与法律 _ 143

　　二、数据权利与法律 _ 145

　　三、信息隐私与法律 _ 146

　　四、网络安全与法律 _ 149

第三篇　元宇宙伦理

第十一章　未来技术伦理
一、脑机接口伦理 _ 155
二、大数据伦理 _ 166
三、VR 伦理 _ 168
四、算法伦理 _ 171
五、数字孪生伦理 _ 174
六、虚拟数字人伦理 _ 177
七、网络伦理 _ 178
八、区块链伦理 _ 180

第十二章　内部治理伦理
一、数字身份伦理 _ 181
二、资本剥削与压榨 _ 183
三、资本垄断 _ 185
四、欺诈 _ 185
五、虚拟暴力 _ 186

第四篇　元宇宙治理

第十三章　元宇宙治理原则
一、元宇宙治理的基本理念 _ 193
二、分层：三层治理 _ 195

三、共识：群体共识 _ 197

四、永续：永续性 _ 199

五、开放：开放性 _ 199

六、自治：自洽性 _ 200

七、共益：合作共赢 _ 201

第十四章　元宇宙运行规则

一、治理规则 _ 203

二、社交规则 _ 206

三、商业规则 _ 207

四、技术规则 _ 208

五、内容规则 _ 209

六、安全规则 _ 210

第十五章　元宇宙止争规则

一、争议处理规则 _ 212

二、法律确权规则 _ 213

三、监管适度规则 _ 213

第五篇　元宇宙监管

第十六章　监管原则

一、经济活动监管 _ 217

二、信息安全监管 _ 218

三、伦理道德监管 _ 219

四、跨境合作监管 _ 219

五、虚实衔接监管 _ 220

第十七章　安全监管

一、数据与网络监管 _ 222

二、信息与隐私监管 _ 224

第十八章　治理监管

一、平台监管 _ 227

二、主体监管 _ 229

三、虚拟金融监管 _ 230

四、内容监管 _ 231

五、刑事犯罪 _ 232

第一篇

元宇宙

第一章 元宇宙前世今生

一、从《雪崩》到《失控玩家》

1982年的《电子世界争霸战》可能是最早出现平行虚拟世界概念的电影，其续作《创：战纪》则进一步完善了这个虚拟世界，并对其做了更详细的描述。1992年，尼尔·斯蒂芬森在他的小说《雪崩》中讲述了一个发生在21世纪初期美国洛杉矶的故事。这个故事描述了一个并非以往想象中的互联网——虚拟实境（Virtual Reality，VR），这是一个和社会紧密联系的三维数字空间，其与现实世界平行，在现实世界中地理位置彼此隔绝的人们在该虚拟实境中可以通过各自的化身进行交流娱乐。这个故事对未来技术进行了一番赛博朋克式的探索：移动计算、虚拟现实、数字货币、智能手机和增强现实等赫然在列。

在《雪崩》受到广泛关注后，一个与现实世界平行的虚拟网络世界迅速被科幻小说家接受，科幻小说家们沿用了斯蒂芬森对它的称呼，即"元宇宙（Metaverse）"。元宇宙的概念在随后的科幻电影中也迅速定型。

1999年的《黑客帝国》则描绘了一个缸中之脑似的虚拟世界，提出了元宇宙的概念——建立虚拟地球。通过脑机接口（Braincompute interface，BCI），直接把大脑接入虚拟地球，通过刺激大脑，让人们无法区分虚拟和现实。剧中的母体就是元宇宙。

之后，电影《头号玩家》主人公打败了妄想夺取"绿洲"（"元宇宙"）的101公司后，为这个虚拟世界制定了一个颇为理想化的规则：每周将会关闭"绿洲"两天，以此让人们回归现实生活。在《头号玩家》中，主角在戴上VR头戴显示设备后会进入名为"绿洲"的虚拟世界，玩家在其中能够体验各种各样的游戏；而《黑客帝国》则为我们描绘了更为极致的场景。在未来，人类被AI用营养液"圈养"了起来，但沉睡中的人类能够通过脑电波进入名为"矩阵"的虚拟世界中。这是一个与现实世界几乎没有分别的数字世界，人类于其中也延续着正常的生产和消费，没有丝毫的违和感。

而2021年9月上演的电影《失控玩家》则使"元宇宙"爆火出圈，打破了虚拟和现实的边界。影片讲述了一位银行职员NPC（非玩家角色），做出了一些违反指令的事情后，成为游戏里的一个Bug（系统漏洞），从此在电子游戏中拯救世界并走上人生巅峰的故事。《失控玩家》构建了两个世界，一个是现实世界，另一个是虚拟世界。现实世界的人可以通过佩戴VR/AR眼镜，进入虚拟游戏世界；而这个虚拟世界，可以看作是继《头号玩家》之后，《失控玩家》为影迷打造的另一片"绿洲"。尽管这两部影片内容大不相同，但它们都向影迷展示了一个未来的虚拟世界——元宇宙。

《失控玩家》给元宇宙增添的想象力恰恰在于，如果元宇宙中不仅有人类的数字分身，也有数字的NPC，而且这些角色同样拥有智慧，世界将会变得更丰富、更离奇。

元宇宙不仅是《头号玩家》里的"绿洲",还是《黑客帝国》里的"矩阵"世界呢?也许两者都是,也许两者都不是。

二、从《红楼梦》到"灵境"

(一)《红楼梦》里的太虚幻境

太虚幻境是曹雪芹在《红楼梦》中构建的虚无世界,而虚拟现实系统是正在兴起的一项高技术模拟设备系统,也可以看作现代的太虚幻境。

《红楼梦》第五回的故事就是著名的"贾宝玉神游太虚境",这是整部小说中提纲挈领的一个故事。这个故事对《红楼梦》里的女孩们及四大家族的命运都有所揭示,而对于贾宝玉这个男主人公,更是格外重要。自从神游太虚幻境之后,贾宝玉就从一个懵懂无知的孩子变成一个真正意义上的青年男子。太虚幻境是贾宝玉的理想国。那里没有争斗,有无数善良可爱的女孩,有音乐,有奇花异草,还有纯真的爱情和友情。而大观园则是贾宝玉的太虚幻境在现实世界的具体实践。由于贾宝玉在贾府有特殊身份且处于未成年,所以贾宝玉得以在大观园实践他的理想世界。在贾宝玉的太虚幻境或大观园中,有两大原则。第一,女人为上。女人是水,男人是泥,泥见了水是要化的。第二,不得谈论功名利禄。这里只有爱情、感情和才情,有木石前盟,有金玉良缘,也有兄妹情深。有酒会,有诗盟,有欢笑热闹。总之,在贾宝玉的太虚幻境或大观园中,所有的妹妹都是快乐的、美丽的。

太虚幻境是曹雪芹用超现实主义构想的古代版元宇宙,在这个梦境的元宇宙之中，贾宝玉目睹了金陵十二钗及其隐匿的人物命运，随后，太虚幻境中人物的命运在《红楼梦》后续章节中就是按此隐喻展开的，但是如果我们不看后续章节，根本不知道第五回中这些隐喻是什么意思，但当看了这些人物的命运安排之后，再回顾第五回中太虚幻境中的隐喻，就会恍然大悟，这就是作者超现实手法的巧妙。大观园就是太虚幻境的现实世界，二者构成了平行世界。太虚幻境其实已经向我们展现了古代版的虚拟现实以及元宇宙的雏形。

（二）钱学森信件中的元宇宙

1990年，时任国防科学技术工业委员会常委的汪成为收到钱学森的信，信中说，"Virtual Reality"（VR，虚拟现实）的中文可以译作"人为景境"或"灵境"。钱学森还特别强调："我特别喜欢'灵境'一词，中国味特浓。"1993年7月3日钱学森在写给汪成为的信中表示："我对'灵境'技术及多媒体的兴趣在于，它能大大拓展人脑的知觉，使人进入前所未有的新天地。新的历史时代要开始了！"由此可见，钱学森在当时就对虚拟现实与元宇宙有过展望，并为其起了个颇有意境的名字——灵境。他已透过虚拟现实技术的产生和发展，预见了人机深度结合将对人类社会带来的深层变革。

1997年，汪成为的著作《灵境（虚拟现实）技术的理论、实现及应用》出版，对虚拟现实技术的发展史、理论、系统构成原理与设计方法，以及典型应用等作了全面介绍。当然，"灵境"这个名字，也被用在书中。

三、当 XR 遇到区块链

VR 将我们带入具有沉浸感的 3D 世界，让我们感受到了虚拟现实的魅力。之后，AR、ER（Emulated Reality，拟真现实）、MR（Mixed Reality，混合现实）争先亮相，而 XR（Extended Reality，扩展现实）更是极大地扩展了我们现实世界的边界。再加之 5G 的兴起，我们看到了一个崭新的未来。电影《头号玩家》里的生活总有一天将照进现实。在 VR 世界中，你可以成为任何一个你想要成为的角色，你可以是咆哮的哥斯拉，也可以是帅气飞天的机动战士高达，更可以是一个国家的主宰者。但游戏终归是游戏，虚拟终归是虚拟，如何在虚拟世界中创造价值和分享价值，以及建立共享合作、正向激励的经济系统？这是 VR、AR、ER、MR 及 XR 所不能及的，这也是 VR 数次兴起又数次跌落的深层次原因（当然技术瓶颈也是主因）。

但是，当 VR、XR 等技术不再是纯粹的游戏，而能构建起一个平行世界时，其在未来才真正有价值。于是，当 XR 遇到去中心化的、可信计算的区块链技术后，一个崭新的时代开启了，元宇宙的时代到来了。

如果在 XR 全景框架下注入区块链技术，那就可以在全景空间中实现信息与数据的加密和管理等作用，且基于区块链底层技术构建的经济系统为创作经济提供可能，这又会进一步刺激 XR 的应用。区块链很好地弥补了全景空间关于信息数据交互和管理的缺失。

如果 VR、XR 等技术仅仅是完成现实世界与虚拟世界的交互或接口，那么其应用也将仅仅停留在现实的扩展或模拟上，其应用也只不过是浅层次的游戏、社交或会议等,然而一旦融入了区块链技术的安全可信、经济系统、智能合约,就可以为 VR 与 XR 演变为更高层级的元宇宙提供底层系统。无论是作为元宇宙主要组织形式的 DAO(去中心化自治组织)、元宇宙重要表达形式的 NFT(非同质化代币)、元宇宙运行逻辑的 DeFi(去中心化金融),还是作为元宇宙数据逻辑的 Web 3.0,都构建在区块链技术之上。

四、元宇宙究竟为何物

对于元宇宙,有人说它是炒作,甚至是骗局,但也有人说它是下一代互联网,是互联网的未来。到底什么是元宇宙?元宇宙的底层逻辑是什么?

"元宇宙"这个词起源于尼尔·斯蒂芬森在 1992 年出版的小说《雪崩》,Metaverse 的前缀 meta,意为"超越",其后缀 verse 则是 universe(宇宙)的简写,其字面意思是"一个超越宇宙的世界"。更具体地说,这个"超越宇宙的世界"是指计算机生成的世界。元宇宙代表完全沉浸式的三维数字环境,以及更具包容性的网络空间,最终在技术的辅助下,元宇宙会成为一个跨越所有表征维度的共享在线空间。根据这种愿景归纳,元宇宙有拟真、开源、经济三大主要特征。

"元宇宙第一股"罗布乐思(Roblox)在招股书中提到了"元宇宙"的概念,并对其进行了较为详细的介绍。Roblox 创始人兼首席执行官大卫·巴斯祖奇(David Baszucki)为元宇宙定义了八个要素:身份、朋友、沉浸感、低延迟、多元化、随时随地、经济系统、文明。

国内区块链行业开拓者肖风给出了未来元宇宙的框架定义，他从多个角度论述了元宇宙的构成。

首先，元宇宙是虚拟社会。互联网、元宇宙、区块链都是人类为了更好地生存而创造出来的新技术、新环境、新空间。从人的角度来说，元宇宙就是一个虚拟的人类社会。

其次，元宇宙是数字世界。这样一个虚拟社会，是用一整套数字化方法架构和建造出来的。这套数字化技术既包括通信网络、ICT（信息与通信技术），也包括互联网、区块链这样的价值网络，同时也包含 AI、游戏引擎等数字化技术，它们共同构建起一个虚拟社会。

再次，元宇宙是意识的世界。元宇宙是人类意识的世界。我们对世界的认知有一个比较完善的认知体系，但对人类意识的认知却非常欠缺。而元宇宙这种虚拟现实世界的建立，有助于我们去建立人意识的世界，从而让我们更好地、更全面地去看待客观世界。真实的世界一定包括意识，没有意识的现实世界是一个残缺的世界。

最后，元宇宙是可编程的世界。元宇宙基于通信网络、信息网络和价值网络，通过计算机编程来构建和改造。

将以上四个特点放在一起，我们就能够看清楚元宇宙的雏形。当然，随着元宇宙发展，我们对元宇宙的认知也会更新迭代，逐渐看到一个越来越接近真相的元宇宙。

五、巨头的觉醒

随着电影《头号玩家》《失控玩家》及《黑客帝国 4》的全球热

映,以及"元宇宙第一股"罗布乐思的崛起,元宇宙在新冠肺炎疫情之下的 2021 年声名鹊起,由此 2021 年又被称为"元宇宙元年",互联网科技巨头纷纷抢滩元宇宙。

(一)微软全面进军元宇宙

2021 年 11 月 2 日,在一年一度的微软 Ignite 大会上,微软宣布计划将旗下 Microsoft Teams 变成元宇宙,把 MR 平台 Mesh 融入 Teams 中。未来语言障碍也能够破解,微软目前正在构建翻译和转录支持,人们可以在虚拟 Teams 空间与来自世界各地的同事见面。Mesh for Teams 可以预建一系列沉浸式空间,提供会议和社交活动所需的各种环境。比如打乒乓球,或使用白板进行颜色编码任务,甚至在桌子上展示产品原型。微软 Mesh 首席产品经理凯蒂·凯丽(Katie Kelly)表示,这不是二进制的,所以人们可以选择自己想要的展示方式,不管是视频还是虚拟化身,还可以通过各种定制选项来选择自己希望出席会议的方式。2021 年,微软在巴塞罗那开展了有史以来第一次共享全息体验活动,200 人带上 Hololens(微软公司开发的一款混合现实头戴显示器),感受环绕四周的全息图像。新冠肺炎疫情暴发后,世界各种大型会议因疫情而取消,但微软 Ignite 大会并没有因疫情取消,而是通过 Microsoft Mesh 正常召开。微软要将《我的世界》《光晕》和《模拟飞行》等以支持 AR 技术的游戏彻底转变为完整的 3D 世界,这是一个雄心勃勃的项目。值得一提的是,微软的《模拟飞行》可能已经走在了前面。玩家可以在模拟现实世界天气和位置的多人游戏环境中驾驶飞机。

微软的《模拟飞行》堪称到目前为止最逼真、包含对象最广泛的飞行模拟游戏。游戏中包括 2 万亿棵单独渲染的树木、15 亿座建筑物，以及全球几乎所有道路、山脉、城市和机场。所有这些场景看起来都像真实的东西。这可能是目前我们能玩到的游戏中，离元宇宙最接近的一款。

尽管目前微软并未透露未来会依托 Xbox 平台推出哪些元宇宙游戏，但从目前纳德拉（微软首席执行官）的坚定态度及微软对游戏主机和平台业务的重视来看，微软很可能在元宇宙游戏上最先迈出一大步。

（二）Meta 全力构建元宇宙

2021 年 11 月，更名为"Meta"的 Facebook 正式宣布全力构建元宇宙，并紧接着收购了 VR 健身应用 Supernatural 的开发商 Within。在硬件入口、底层技术、人工智能以及内容四大元宇宙组件方向上，Meta 一直在积极布局。它还推出了一系列应用，包括 Horizon Worlds、Horizon Homes、Horizon Workrooms、Messenger VR 和 Fitness VR，用户可以在这些平台上创建虚拟世界、会议室和自己设计的家庭空间。

（三）英伟达进军元宇宙

英伟达这样的人工智能计算公司也开始对外宣布要开发自家的虚拟世界了。英伟达创始人兼 CEO 黄仁勋（Jensen Huang）表示，自己对元宇宙领域以及英伟达在其中的地位有着宏大的愿景。"这是互联网的三维延伸，将比我们今天感受到的三维物理世界大得多。同样，虚拟世界的经济规模也将比物理世界的经济规模大很多。"黄仁勋强调,人们将在元宇宙世界中建造和设计更多的汽车、建筑,设计更多的交通形态和服装鞋帽包,参与更多的娱乐和休闲活动。但是,英伟达将在元宇宙里扮演什么角色呢?

六、元宇宙三层构造

目前,人们对于元宇宙构造的理解也相去甚远,可谓千人千面。由于研究出发点不一样,大家分析元宇宙构造的维度也不一样。从已有文献来看,大部分研究者考虑更多的是元宇宙发展所需要的技术支持和可能产生的经济后果,而较少从社会建设的角度思考这个问题。游戏开发平台 Beamable 公司创始人乔·拉多夫(Jon Radoff)提出了元宇宙构造的七个层次(由外到内):体验、发现、创作者经济、空间计算、去中心化、人机互动和基础设施。中国人民大学国家发展与战略研究院研究员肖超伟等人从地理空间的研究视角认为,元宇宙具有"虚拟空间与现实空间中人、物多层嵌套的结构",并具有五个层次:实体环境层、实体设施层、虚拟网络层、虚拟角色层和实体角色层。蔡玮教授团队在第 29 届国际计算机协会国际多媒体会议上发表的文章,更好地兼顾了元宇宙的技术支持、经济后果和社会目标。他们认为,虽然元宇宙是虚拟世界,但是可以为现实世界提供如下四个方面的社会产品:

一是可达性,也就是让世界各地的人们可以安全地接入元宇宙,而不受地理位置和新冠肺炎疫情等因素的影响;

二是多样性,也就是让爱好不同、想法不同、性格不同的人可以同时在同一个空间开会、学习和工作等;

三是平等性,也就是可以通过虚拟化身来消除在现实世界客观存在的人种、肤色、性别、残疾和贫困等因素产生的歧视;

四是人文性,也就是通过虚拟世界来保护文化遗产等。

基于上述社会产品建设的考虑,蔡玮教授团队从宏观的视角提出了元宇宙系统的三层次架构,包括基础设施、交互和生态系统。图 1.1 示意了上述三层次的元宇宙架构。

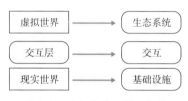

图 1.1　元宇宙的三层次架构

结合图 1.1,可对元宇宙及其与现实物理世界的关系做如下几点的进一步诠释。第一,现实物理世界和虚拟数字世界是两个不同但相交的世界。这一点可以呼应前文对元宇宙的定性判断。在交互层,主要是通过用户的沉浸式体验,使得现实世界和虚拟世界产生了联系与互动。这种联系不只是体现在现实世界对虚拟世界的影响,还体现在虚拟世界对现实世界的反作用。元宇宙的虚拟世界可以对现实世界发生实质性的反作用,是元宇宙区别于其他虚拟(数字)世界的本质特征。从这个意义上讲,现实世界和元宇宙不是平行世界,而是交叉世界。同时,在交互层里,所有的人、事与物都呈现为数字孪生状态,同时具备现实世界和虚拟世界的属性。第二,除了与现实世界交互的领域,元宇宙还有自己独立的空间,并且是一个生态系统。在这个独立生态系统里,用户的化身(以数字人的方式存在)自主创设自己的生活、学习、工作和娱乐环境(或者"社区"),并与其他数字人一起建设虚拟数字世界的大生态(或者"社会")。第三,除了与元宇宙交互以外,现实世界还为元宇宙的发展提供基础设施建设。目前,产业界的共识是可以用BIGANT来概括元宇宙的基础技术,分别是B所指代的区块链技术,I所指代的交互技术,G所指代的电子游戏技术,A所指代的人工智能技术,N所指代的网络及运算技术和T所代表的物联网技术。不过,除了数字基础设施建设,现实世界还应当为元宇宙提供制度基础建设。①

七、三个发展方向

元宇宙无疑是一个冒险的世界,更是一个充满创新和想象力的世界。当下人们对元宇宙的认知还是千人千面,综合业界的观点,未来人类探索时空的边界主要有如下三种路径②。

(一)刘慈欣所畅想的未来世界

假设刘慈欣的预测是正确的,那么VR、AR、AI、区块链等元宇宙核心组成技术的发展将会失去意义,人类将专注于探索现实宇宙的技术。乍一看,这似乎是挺积极的,但实际上,人类探索现实宇宙的进程将会大大变慢。为什么?因为理想很丰满,但现实却很骨感,探索现实宇宙的代价用"昂贵"两个字是不足以形容的。截

---

① 参见上海交通大学凯原法学院教授、博士生导师程金华于2022年2月16日在上观新闻发布的《元宇宙治理的法治原则》。
② 参见腾讯网于2022年2月7日发布的《元宇宙治理的破局思路和三个发展方向!》。

至目前，探索火星对人类而言仍然是下一个遥远的目标。

美国行星学会的创始人路易斯·弗里德曼（Louis Friedman）在《人类的太空飞行：从火星到恒星》一书中这样写道："虽然人类文化中有探索的基因，太空探索会以某种形式'永远'进行下去，但随着技术的成熟，把人类送进太空会变得越来越没有必要。火星不但是人类下一个目标，而且还可能是最后的目标。对火星之外的宇宙的探索将会转入虚拟现实世界，我们的肉体只需坐在地球或火星上的家中，便能通过信息处理神游整个宇宙。"这就是元宇宙对探索现实宇宙的积极推进作用，人类将用难以摧毁的机器人化身代替脆弱的肉身，以访问这个现实而危险的宇宙世界，并用虚拟世界同步机器人所见证的一切。正是如此，我们的太空航行梦才能更快地发展下去。而如果说火星便是人类探索宇宙的终点，那元宇宙就没有未来；反之，如果人类的未来是星辰大海，那么元宇宙便是未来。

（二）扎克伯格所畅想的未来世界

假设扎克伯格是对的，那么 VR、AR、AI 等技术的发展将迎来前所未有的爆发，人类将通过硬件设备进入一个真实存在的虚拟世界，人们可以在其中做在现实世界里能够做的一切事情，如社交、玩游戏、旅游、开会等，还可以实现在现实世界中无法想象的应用场景，而且虚拟世界的化身可以是千变万化的，这意味着每个人都拥有了孙悟空的"七十二变"神技。毫无疑问，这样的世界是极具诱惑力的。但要注意的是，扎克伯格所畅想的元宇宙具有"神"的概念，Meta 公司及他本人就是创造这虚拟世界的神。

如果你自己的社交账户、视频账户曾被这些巨头无情删除过，那么你可能会对扎克伯格所畅想的元宇宙提不起任何兴趣。但就 VR、AR、AI 等技术的发展而言，Meta 公司以及微软这些传统互联网巨头，无疑拥有着极大的优势，他们可能会更快地为人类实现一个体验感爆棚的虚拟世界。

（三）风投机构 a16z 新合伙人克里斯·迪克森（Chris Dixon）所畅想的未来世界

假设克里斯·迪克森是对的，那么在传统互联网巨头公司大力发展 VR、AR、AI 等技术的前提下，另一群人将探索由加密货币 Crypto-Currency 作为灵魂的虚拟世界。在这个世界里，人们依然可以做 Meta 世界中能够做的一切，同时可以真正拥有元宇宙中的化身、财富以及虚拟物品。

第二章　元宇宙技术架构

一、两大底层技术的成熟推动

元宇宙本质上就是虚拟空间。由计算机、网络、算法构建的、以"元宇宙"命名的虚拟空间新纪元有两个新特点：一是感知技术的快速进步，二是区块链技术的突破。也就是说，感知技术与区块链技术构成了元宇宙的两大底层技术，这两个底层技术的成熟度决定了元宇宙的走向与未来。

感知技术把计算机生成的内容进行形态转换，让人的眼、耳、鼻、舌、身、意能够察觉，从而为人接收和理解。反之，感知技术也能够让人的意志通过语言、动作、表情、意念等更加便捷地传递给计算机。感知技术的进步在逐渐弥合人类碳基生物与硅基世界的感知鸿沟。

区块链技术更加重要，也是更为本质的需求。区块链技术改变了虚拟空间里的经济活动范式。经济活动必须基于参与者共同认可和遵守的规则展开。在传统经济生态中，这样的规则需由信誉卓著的机构来设立和维护。然而，在区块链技术支撑下，一群互不相识的普通人可另辟蹊径，基于算法构建和管理一个可信的账本，从而为资产确权和资产转移提供了底层的逻辑基础，并在此之上开展形形色色的经济活动。这其实与社会生物学家观察到的人类进化、蚂蚁群体力量是一致的,每一只蚂蚁都是弱小的、独立的个体,但却用一种混序的力量,组织一个庞大的蚁群,形成群体共识,产生巨大的群体力量,其组织形态是自组织和无中心的。这就改变了传统经济模式,改变了互联网 Web 1.0 和 Web 2.0 所构造的经济范式,改变了组织结构,改变了利益结构,更是改变了信用模式。

基于上述两大底层技术,未来元宇宙项目将会形成两大流派:一个强调感知技术应用的流派,另一个强调经济模型变化的流派。强调感知技术应用的流派会以炫酷的特技效果作为卖点,以 XR 硬件、脑机接口与超强的算力为支撑,开启典型的"硬件亮肌肉"模式。强调经济模型变化的流派将践行 Web 3.0 的理念,将项目收益和治理权更大程度地还给用户。一般而言,一个元宇宙项目会两者兼具,只是有所侧重而已。

二、三大生产要素

如果把元宇宙看作一种崭新的生产系统,那么在元宇宙这个新的生产系统中,同样也存在着三大生产要素,即生产力、生产关系与生产资料。

按照传统政治经济学的观点,生产力是在生产过程中形成的人们改造和利用自然、获取物质生活资料的能力。生产工具是生产力发展水平的重要标志。生产关系是指人们在生产过程中发生的不以人的意志为转移的物质利益关系,即在社会生产、交换、分配、消费的总过程中建立起来的经济关系。生产关系是一个由诸多方面和环节构成的有机整体。数字世界的信任感是什么呢?它本质上是一种健康的生产关系。生产力与生产关系二者之间的关系是生产力决定生产关系，生产关系反作用于生产力。

生产资料也称作"生产手段"，是指劳动者进行生产时所需要使用的资源或工具。生产资料是生产过程中的劳动资料和劳动对象的总和，它是任何社会进行物质生产所必备的物质条件。

在崭新的元宇宙生产系统中，生产力的三大基本要素具体为：劳动者为各类元宇宙的参与主体；劳动资料中最为重要的就是生产工具，5G、人工智能、算力、算法等为元宇宙中重要的生产工具；元宇宙中的劳动对象则是指各类元宇宙的参与主体利用生产工具在元宇宙中从事的各类创作活动或行为。如果仅从生产工具角度看生产力，5G、Web 3.0、AI、云算力等就是元宇宙的生产力。

在元宇宙生产系统中，大数据是重要的生产资料，包括自然数据、人类数据、物联数据及数字原生数据等大数据，无论是数字孪生、数字原生还是虚实相生，都是数字化的过程，而在这个数字化的过程中，大数据都是最为关键的生产资料。

区块链是元宇宙生产系统中的生产关系构建者，区块链就是将生产力和生产资料组合起来的技术，只有将这两者组合起来，元宇宙才有可能向前快速发展。区块链技术本身具有的加密、零知识证明下的可信计算、智能合约、NFT，以及基于区块链技术而构建的 Web 3.0、DAO、DeFi 等，均构建了新型的生产关系，形成去中心的、参与者自主可控并享有收益的创作经济、协作经济及分享经济，充分发挥了社区自组织、无中心、分布式模式下的崭新经济系统，在该体系下，形成了自我正向激励的协作经济模式，消除了掌控一切、可以剥削的超级中心。这一生产关系的改变将带来颠覆性的变革。元宇宙是区别于现实世界、具有独立存在价值的平行宇宙，而非现实的映射与替代品。

三、四大技术支柱——BAND

构建元宇宙的四大技术支柱为 Blockchain、Game、Network、Display，简称为 BAND。Blockchain 是指区块链，Game 是指游戏引擎，Network 是指网络算力，Display 是指展示方式。

Blockchain 区块链是元宇宙底层的核心技术，决定了元宇宙的生产关系，基于区块链的加密技术、零知识证明（隐私计算）、FT（同质化代币）、NFT、智能合约、DeFi、DAO，以及 Web 3.0 等，直接影响了元宇宙的经济活动，支撑着支付、激励、积累数字资产、分配等核心功能。

Game 游戏引擎是元宇宙游戏化和娱乐化最重要的技术要素，对构建元宇宙生态起着关键的作用。

Network 网络算力是元宇宙的动力，算力的强大才能保证元宇宙的运行，没有强大的算力支撑，元宇宙将无法运转。

Display 是元宇宙与真实宇宙两个平行宇宙交互的通道，也是元宇宙数字居民参与元宇宙各种活动（经济活动、娱乐活动及社交活动等）的主要工具与渠道，包括脑机接口、VR 眼镜、虚拟头盔等硬件。

四、元宇宙四大工具

从工具的角度来看，搭建元宇宙需要如下四大工具。

(一)游戏引擎

如上文所述,游戏是元宇宙的重要场景,是元宇宙居民娱乐、社交及交互的重要方式。传统的网络游戏,如端游、手游乃至云游戏,需要专业的游戏开发设计人员编程,普通玩家不具有创作或编写游戏代码的能力。但在元宇宙、Web 3.0 生态下,需要人人能够参与创作游戏的低代码、无代码平台环境,因此,游戏引擎成了重要工具。

游戏引擎是指一些已编写好的可编辑电脑游戏系统或者一些交互式实时图像应用程序的核心组件。这些系统为游戏设计者提供编写游戏所需的各种工具,其目的在于让游戏设计者能容易且快速地做出游戏程式,而不用由零开始。大部分游戏引擎都支持多种操作平台,如 Linux、Mac OS、Windows。游戏引擎包含以下系统:渲染引擎(又称"渲染器",含二维图像引擎和三维图像引擎)、物理引擎、碰撞检测系统、音效、脚本引擎、电脑动画、人工智能、网络引擎以及场景管理。游戏引擎是为运行某一类游戏的机器设计的能够被机器识别的代码(指令)集合。它像一台发动机控制着游戏的运行。游戏作品可以分为游戏引擎和游戏资源两大部分。游戏资源包括图像、声音、动画等部分。列一个公式就是"游戏 = 引擎(程序代码)+ 资源(图像、声音、动画等)"。游戏引擎则是按游戏设计的要求有顺序地调用这些资源。3D 游戏引擎应该是包括 3D 图形的各种算法,整合起来提供便捷的 SDK(软件开发工具包)接口以方便别人在这个基础上开发游戏的模块。

游戏引擎有很多种,腾讯和网易都有自己的游戏引擎,全球通用的著名游戏引擎有八个,最为有名的有两个,一个叫虚幻引擎,另一个叫 Unity,是国外很多游戏开发者都会使用到的两个引擎。我们并非纯粹为了搭建游戏而把游戏引擎用在元宇宙里,而是要利用它们来搭建元宇宙中的某些特殊环境,比如山川河流、地形地貌等。

(二)数字孪生

元宇宙其中一个场景是模拟与仿生现实世界,将现实世界搬进元宇宙之中,因此,数字孪生就是重要的工具。数字孪生是充分利用物理模型、传感器更新、运行历史等数据,集成多学科、多物理量、多尺度、多概率的仿真过程,在虚拟空间中完成映射,从而反映相对应的实体装备的全生命周期过程。数字孪生是一种超越现实的概念,可以被视为一个或多个重要的、彼此依赖的装备系统的数字映射系统。

数字孪生工具也有很多,真正最好、最底层的是英伟达的 Omniverse 平台。宝马曾用 Omniverse 在虚拟的环境里设计汽车,同时用这套数字孪生技术去搭建无人工厂,在不断进行测试,把所有能耗、工序调整到最优之后,才最终实地建设真实的生产工厂,节省了很大的成本。现在全球有 1 700 多个机构用 Omniverse 搭建虚拟物品,进行虚拟的测试、仿真和设计。

英伟达基于其强大的人工智能芯片研发能力、GPU(图形处理器)能力、算力,搭建抢滩元宇宙的平台 Omniverse,为元宇宙映射现实世界提供数字孪生工具支撑。根据其创始人的理解,未来元宇宙需要强大的算力,通过遥感技术将现实世界成像,利用数字孪生工具将图像、数据等映射到元宇宙之中,再建一个新的虚拟地球。

（三）数字原生

数字原生就是在数字世界里无中生有地创作出现实世界根本不存在的东西。纯粹用数字化的方法创造出原生的数字化事物或数字化服务，叫"数字原生"。数字原生脱离了真实的宇宙，完全不依赖于现实世界，纯粹地构建在数字世界之中，这就避免了很多与现实世界知识产权有关的纷争，这应当是未来元宇宙中最重要的工具和方式。

每个元宇宙的参与者都可以利用元宇宙系统中的无代码开发平台，在数字世界里发挥自己的想象力，"海阔凭鱼跃，天高任鸟飞"，原创出原生于数字世界上的东西，获得极大的满足与幸福，这也是元宇宙创作经济的未来。

（四）虚实相生

当元宇宙从数字孪生进入数字原生之后，元宇宙已经仿生了现实世界，并基于超强的想象力构造了不同于现实世界且更丰富多样的虚拟世界，慢慢地就有了强大的数字基础，当数字的东西足够强大后，它就会反过来影响现实世界，继而会出现虚实相生，也就是实的东西会影响虚的，虚的东西壮大之后也会影响实的。将来一定会出现很多事物，是在虚拟世界被创造出来后，孪生到现实世界中的，那时3D打印将会具有巨大的价值。不仅物品会虚实相生，文化、精神、社会、制度、思想等也可能会虚实相生。

人类社会千年以来一直在追求如何通过虚和实两方面来更好地认识现实世界，元宇宙可能是这个追求过程中一个更高阶的跃升，在一系列数字化技术的帮助之下,我们突破了某个点,能够在一个更高的维度去看待这个真实的世界。所以,只有看见虚妄才知实相,元宇宙是一个虚实相生的网络世界,它不可抗拒,是人类社会发展的一个必然阶段。

五、元宇宙六层架构

比照传统互联网的分层,可以将元宇宙细分为图 2.1 中从下到上的六层基本架构。

应用层
激励层
治理层
算法层
数据层
物理层

图 2.1 元宇宙六层基本架构

第一层:物理层。互联网的底层也是物理层,有光纤和电缆,才能建成一张网,元宇宙同样也建构在 ICT 网络基础上,互联网是元宇宙的一个基础设施。而包括 VR、AR、MR、XR 在内的这些硬件设备,就是元宇宙的物理层。

第二层:数据层。虚拟现实世界一定是万物互联、数字共生的,这首先要考验的就是带宽、存储能力和计算能力。IT(信息技术)、CT(通信技术)、DT(数据技术)平台是元宇宙的最基础平台。去中心化的全球存储平台和计算平台将是元宇宙的标配。在区块链上有个项目叫 Dfinity。Dfinity 是一套区块链协议，目标是连接全球所有的数据中心，任何人无须经许可就可以调用该网络上的算力。Dfinity 在 2021 年 5 月上线时，就已经连接了全球 100 个数据中心。再有两年时间的优化迭代，它会连上 500 个、1 000 个甚至 1 万个数据中心，形成一个去中心化的全球计算网络，为元宇宙提供一个算力。

数据、算力、算法不仅是人工智能的三大要素，也是元宇宙系统中必不可少的要素。不同公司、不同平台基于自己的理解构建出自己理想中的元宇宙，这些元宇宙只有连接在一起，才是真正的元宇宙。而这个连接方式就是打通数据和计算网络，调用整合全球的算力，来构造元宇宙。

第三层：算法层。算法层里面有三要素。一是隐私计算。在元宇宙里，隐私保护、隐私计算是一个核心课题。隐私计算背后的原理就是零知识证明。隐私计算是可信的基础，只有可信，各个参与主体才愿意分享数据。二是 AIGC（人工智能创作内容）。就是用 AI 在数字世界、虚拟现实里原生出很多内容。AIGC 是元宇宙中最重要的创作工具。三是低代码开发与无代码开发。元宇宙将会是容纳几十亿人的宇宙，不能要求所有进入元宇宙的人必须会写代码。需要把复杂的东西逐步下沉，成为基础设施。这样才能满足元宇宙居民的参与需求。

第四层：治理层。这关乎元宇宙如何组织、如何有效地运转，以及如何变为一个无限的游戏。只有无限的游戏才使得元宇宙有别于现实宇宙。因此，元宇宙一定不是一个中心化机制下的组织架构，它一定是分布式、去中心、自组织的。只有这样的治理架构，才具有无限的生命力和想象力，才不受时空的限制，这也是任何中心化的商业组织都不可能匹敌的。

第五层：激励层。虚拟现实世界必然有一套自己的货币系统。元宇宙金融市场是数字金融市场，而不是传统的金融市场。过去12年用区块链打造的数字代币及其市场系统，已经为元宇宙建立了一个非常完整的、运行良好的、去中心化的金融市场体系，元宇宙必然建立在这样一个金融市场体系上。

第六层：应用层。在这一层级，有各种内容创作者进行形式多样的应用创新。在应用层，我们探讨人类的数字化生存和数字化生产，数字化生产又包括虚拟服务和虚拟商品的生产。

六、六大技术全景图

元宇宙是多项前沿技术的组合，这些前沿技术共同推进了元宇宙的形成。根据当下业界初步达成的共识，元宇宙生态系统由六大技术整合、搭配或组合而成，这六大技术为区块链技术（B）、交互技术（I）、电子游戏技术（G）、人工智能技术（AI）、网络及其运算技术（N）、物联网技术（T）。图2.2是元宇宙的六大技术全景图。

由此可见，元宇宙吸纳了信息革命、互联网革命、人工智能革命、VR、AR、ER、MR、游戏引擎等虚拟现实技术革命的成果，向人类展现出构建与传统物理世界平行的全息数字世界的可能性，融合了区块链技术，以及NFT等数字金融成果，丰富了数字经济转型模式。

第二章 元宇宙技术架构

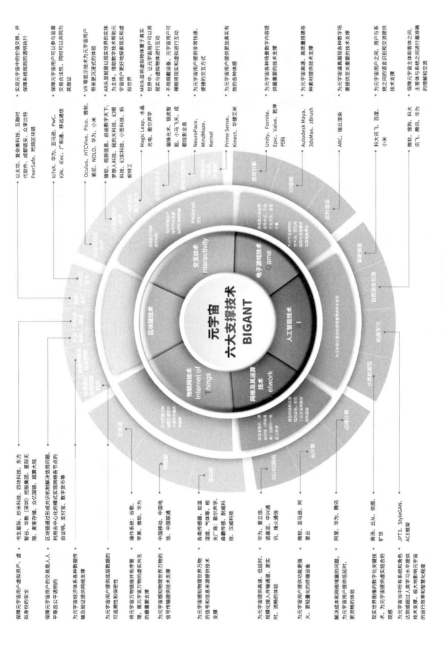

图 2.2 元宇宙六大技术全景图

第三章 元宇宙生态系统

一、元宇宙主要组织形式——DAO

DAO 是元宇宙的一种主要组织形式。DAO（Decentralized Autonomous Organization）是一个去中心化的自治组织，它是围绕一个任务组织起来的团体，通过一套在区块链上执行的共享规则进行协调自治。DAO 将决策权交给利益相关者，而不是高管或董事会成员来实现"去中心化"；"自治"则在于通过智能合约，使用户在可公开访问的区块链上运行应用程序，若满足某些条件，就会自动触发相关行动和结果。这是组织形态上的变革和创新。DAO 解决的是权力的分散性和流动性问题，构建了一个去中心化的大规模协作网络。DAO 在元宇宙系统中的地位与作用相当于现实世界的公司，且 DAO 在现实世界中也将逐渐局部取代公司。

DAO 是元宇宙核心治理模式。DAO 不仅是一种全新的人类组织协同方式，还是公司这一组织形态的进化版，更是人类协作史上的一次革命性的变革，其本质是区块链技术应用的一种形式。在 DAO 的治理模式下，元宇宙是完全去中心化的，其特征是开源、资产自由流动、人员自由贡献、社区投票表决、治理结果执行不受干扰。没有人可以发号施令，管控是分散存在而不是按等级划分。它允许每个人参与讨论，也鼓励团队合作。基于 DAO 治理，元宇宙将治理权交给所有参与者，建立可信规则的社区自治。

二、元宇宙重要表达形态——NFT

与 FT（Fungible Token，同质化代币）相比，NFT（Non-Fungible Token）是非同质化通证，即每一个通证具有独特且唯一的标识。NFT 与元宇宙结合的点在于，元宇宙本身是一个数字世界，数字世界里面会有很多现实东西的跃迁，很多用户或者玩家独特的经历和资产与 NFT 有比较紧密的结合空间。元宇宙主要的表达形式就是 NFT。当然，元宇宙也有很多 FT（Fungible Token）。FT 一般用来刻画一些衡量价值的东西，而 NFT 主要用来刻画具有这种独特标识的一些玩家或者用户的经历或者资产等。

三、交互呈现方式——3D

在互联网世界里，图像呈现方式是 2D，而在元宇宙中，获得数字身份的居民可以参与元宇宙的各种活动，并且可以以虚拟人、数字人形象作为活动主体或交易主体，元宇宙中镜像展示与呈现的方式是 3D（3D 就是由 X、Y、Z 三个轴组成的三维空间），因此，元宇宙又被称为"3D 互联网"。

但以 3D 方式呈现的元宇宙需要三大技术能力的提升：一是芯片的制造能力需提升，甚至可以将量子计算纳入商用，实现计算能力飞跃；二是需要通信技术的进一步发展，让用户可以大规模地以云的方式实现随时随地接入，这可能要到6G（第六代移动通信技术）商用之后才能实现；三是可控核聚变等能源技术需取得重大突破，让我们能获得取之不尽、用之不竭的清洁能源。这样，能源约束和碳排放就不会再成为大问题。

四、元宇宙运行逻辑——DeFi

DeFi，全称为 Decentralized Finance，即"去中心化金融"或者"分布式金融"。"去中心化金融"与传统中心化金融相对，是指建立在开放的去中心化网络中的各类金融领域的应用，其目标是建立一个多层面的金融系统，以区块链技术和加密货币为基础，重新创造并完善已有的金融体系。DeFi 是一个极具潜力的金融市场，也能形成一个相对完整的闭环生态系统。目前已经发展得比较好的应用形式主要有借贷（Credit&Lending）、稳定币（Stable Coins）、去中心化交易所（DEX）、支付（Payment）、衍生品与预测市场（Derivative Protocols and Prediction Markets）等。DeFi 是元宇宙的运行逻辑。如果说元宇宙想通过这种数字文明的方式去运行的话，它内在的逻辑一定是通过 DeFi，把最基本的逻辑写在代码里面，然后通过各种激励，通过分布式的金融去完成。

五、元宇宙数据逻辑——Web 3.0

正如 Web 2.0 的诞生一样，Web 3.0 的到来，承载着人们想要解决目前互联网存在的问题的希望。Web 3.0 也被称为"语义网"（Semantic

Web），因为通过促进对用户元数据的解释，Web 3.0 可以提供一个更加个性化的界面。承诺将隐私和数字身份还给用户，同时通过 NFTs 和 DApps，实现了新的互动水平。区块链技术在 Web 3.0 中汇集了 Web 1.0 和 Web 2.0 的精华。

Web 3.0 以开源协议为基础，以企业作为接口，提供便捷访问和额外功能。Web 3.0 是一个对所有用户开放的互联网，建立在开放协议和去中心化的区块链网络之上。用户与协议对接的方式可能是通过混合应用，提供与底层技术互动的便利方式。数据会被用于决策的推动，但不会被用来出卖和对付消费者。数据权利将得到保护，而不是被某些寻求利润的企业不择手段地利用。带有激励性的市场机制，有助于确保信息可信性和可验证性。Web 3.0 世界将优先考虑有主权的个人，而不是富裕精英和寻租者。系统和协议的重新架构将集中在去中心的民主化上。

Web 3.0 是元宇宙的数据逻辑，即如何实现下一代的互联网，如何把用户的权利（最主要的是所有权）还给用户本身。

同时，Web 3.0 也是元宇宙的底层逻辑。Web 1.0 是 PGC（Platform Generated Content）模式，即平台创造内容，范式是平台创造、平台所有、平台控制、平台受益。Web 2.0 是 UGC（User Generated Content）模式，即用户创造内容，范式是用户创造、平台所有、平台控制、平台分配。Web 3.0 也是 UGC 模式，由用户创造内容，但与 Web 2.0 不同的是，Web 3.0 中用户创造的内容归用户所有，不受任何平台控制，范式是用户创造、用户所有、用户控制、协议分配。

六、元宇宙入口——算力与硬件

硬件设备与算力无疑是元宇宙在当下最显而易见的入口。硬件和算力的形态将影响元宇宙的走向。

体验感极佳的硬件设备是通向元宇宙的钥匙。VR眼镜、虚拟头盔、脑机接口等都可能成为进入元宇宙的硬件设备,但截至目前,技术尚未成熟,距离体验感极佳且能够自由进出现实世界与元宇宙、模糊二者界限的理想状态还有相当长的距离。

元宇宙的本质是一场算力的重构,而这场关于算力的挑战,延伸至元宇宙搭建的每一个环节。元宇宙的核心之一是基于计算机图形学,呈现一个虚拟的现实世界,让所有人都身在其中,也就是上述所讲的3D仿真呈现。一个足以令人沉浸的世界,首先就对画质有极高的要求,这背后是算力指数级的增加。计算机处理大型图像的本质是将其拆解成无数个大小不一的三角形平面进行贴合,一个普通的工业级模型可能就包含上亿个这样的平面。而这还不考虑光线、水波这些涉及复杂物理交互的因素。

七、元宇宙运转的动力——数学

元宇宙运行的底层技术是区块链,区块链的核心是数学。加密、隐私计算、智能合约、FT与NFT的底层都与数学有关,利用数学创造信任,构造可信计算。基于区块链技术的元宇宙每一部分都透露着信任,就是因为它相信数学大于相信人性。因此,元宇宙运行的底层基石是数学和加密学,数学为元宇宙的"数字ID"提供安全保护,"私钥即一切"。这是一套非常完备的数学加密体系,从数学层面保证了它的独立性和安全性。未来元宇宙的数字 ID 将会有更方便、更强大的机制。私钥加密只是元宇宙数学的一角,元宇宙的世界里充满着数学的足迹与保护。

元宇宙本身就是一个不需要猜忌的数学世界,从互联网过渡到元宇宙,其实是一个从"社会契约"过渡到"数学契约"的时代。数学打通了它的体验层和物理层,数学也消解了人类在比特世界里的不信任。数学才是元宇宙能够运转的根本动力,而智能合约则是搭建元宇宙世界治理体系的关键。

第四章　元宇宙价值功能

一、商业价值：协作经济与创作经济

区块链构成元宇宙的底层技术系统，奠定与构建了元宇宙的生产关系。基于区块链构建的经济系统及 Web 3.0，元宇宙必然形成自我驱动的、正向激励的协作经济模式，其背后的动因在于：隐私计算下的隐私保护消除了信息泄露的风险及损失，代币激励则形成了促进用户积极参与的正向激励，去中心化网络则有利于主体身份意识的觉醒，因而形成了分布式的协作经济模式。

此外，创作者经济模式也在形成。在元宇宙浪潮下，创作者经济也由 Web 2.0 世界中平台赋能创作者、创作者基于平台享受增长红利的范式，逐渐过渡到 Web 3.0 的范式。举例来说，在 Web 2.0 范式中，抖音的创作者生长于平台，因此要被平台抽走接近一半的收入，而在 Web 3.0 范式中，平台权利与收益将会极大地让渡给创作与创作者本身，我们将这种让渡与元宇宙结合后，便产生了新的创作经济定义——MetaCreation（元创作）。元创作可以用三个关键词组来解释：身份标识系统、创作的无边界、创作组件，最终成为一种 by metaverse（由元宇宙）、for metaverse（为了元宇宙）、of metaverse（属于元宇宙）的创作范式。

元宇宙中的创作是无边界创作，创作者与一般参与者的身份边界也将变得模糊，创作也不再是一个人的事情，它成为一种真正广泛参与的自治形式。而元宇宙则为参与者提供了人人可创作的工具与环境，创作组件还将包括一些更加具体的 Low coding（低代码）或 No coding（无代码）设计工具，以便于没有编程基础的元宇宙居民成为创作执行者。除此之外，整体经济模型等设计需要依托于类似于"雅典公民大会"的组织，群策群力，目前已有的一些与 DAO 相关的治理工具也将会成为元创作创作组件的一部分。

元创作作为一种新的创作范式，不仅将会成为元宇宙的创作范式，从长期看也将会在一定程度上促进新的元宇宙组织范式，因为在这一范式当中，参与者的定义将不再是一元的。在传统金融中，股民在其持有股份达到一定比例时可以成为股东，股东依据一定的条件可以进入董事会。在 DeFi 当中，这一过程变得扁平，即使最小单位持股者也可以参与项目治理，项目发展到成熟阶段后会过渡为 DAO，成为全民治理、全民决策的项目。而在新创作范式下的元宇宙，参与者的身份除了持币者、治理参与者等传统 DeFi 角色外，会将 VC（风险投资）等角色替代掉，变得更多元。总之，当元创作这种新的创作范式通用时，元宇宙的呈现将会更加多元，元宇宙会有更强的可组合性，也会接纳更多的元宇宙居民，甚至迭代出原生的元宇宙居民。

二、技术价值：未来技术的组合应用

元宇宙是多种前沿技术的组合，以及解构后进行升级完善、重构而成的产业生态。元宇宙技术支撑体系主要由 5 部分构成：1B、2A、3S、4I、5C。1B 主要指区块链，包括公链、NFT、DCEP（中国数字货币）以及分布式金融。海外的 NFT 大多建立在以太坊上，因此在落地实施时需要对其进行改造，采用符合我国监管要求的公链技术。2A 指游戏（电竞）技术和人工智能；3S 代表空间计算、安全、数字孪生和数字原生的集合体；4I 指交互技术、脑机接口、物联网及 VR、AR、MR、XR 等相关技术；5C 分别代表云计算、芯片、通信网络、边缘计算以及能源的重构建设。依托元宇宙的技术体系，加之时间、空间、物质三者不同的场景组合，形成了一个较为完整的元宇宙技术生态。若从技术角度进一步拆分，元宇宙有七大关键技术栈（详见图 4.1）。

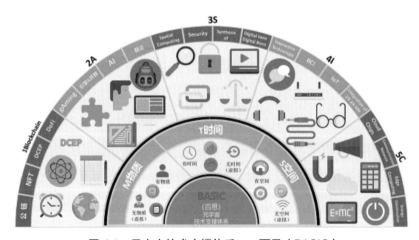

图 4.1　元宇宙技术支撑体系——百思（BASIC）

资料来源：颜阳供图

三、社会价值：数智时代的新型秩序

移动互联网构建的第二层次的数字世界是非分布式管理的，而第三层次的数字世界则是一种纯分布式的世界，从用户的活动到平台的管理，都是分布式的。区块链为第三层次的数字世界的出现提供了技术可能性。区块链还提供了一种全新的类公司组织机制，也就是 DAO。这个组织会通过开源代码来把一系列公开的规则算法化，每个人都可以通过提供服务或者通过购买该组织的股份权益的方式，成为组织的参与者。基于开源的算法，组织所要推动的事情就可以在无人干预和管理的情况下自主运行，参与者也会自动获得分红收益。这种组织机制会形成一种全新的类公司机制，它能够完成与公司相似的功能，但又无需集中式的注册与管理。基于区块链技术构建的元宇宙应当属于第三层次，它应该是一种分布式的数字世界，会有最初的发起者，但其发展演化的过程会超脱于最初发起者之外，获得其独立的生命力，无人可以摧毁它。区块链技术为这种元宇宙提供了技术可能性，DAO 这种全新的类公司机制则为元宇宙提供了组织可能性。

第三层次的数字世界则是基于纯分布式的群体共识，而这个形成共识的群体是不定型的，也不依托于任何特定的物理空间，实质性摆脱了传统世界的控制。一个完全区别于传统世界的第三层次的数字世界新型秩序正在浮现。这个第三层次的数字世界并不是完全独立于传统世界的，因为它仍然需要前面层次的数字世界提供各种基础设施，才能有效活动；但这种基础设施又不是任何主权国家或数字巨头可以垄断的，所以第三层次的数字世界会在前两层次数字世界的各种市场竞争中游刃有余，获得自己生长壮大的空间。①

四、终极价值：时空延展的无限游戏

在以区块链为底层技术构建的元宇宙里，你的数据你做主，你的收益归你，你不再需要账户密码，资产数据与游戏数据都完全由你掌控。构建一个无限开放、真正实现自行无限进化的元宇宙。由于一切的核心数据都在区块链上，用户与开发者无须担心数据垄断问题。这是一个奖励创意的世界，开发者依靠创意去捕获用户价值，用户用才智和创意掌管自己的资产，同时用资产奖励那些有价值的服务与应用。

这是一个富有生命力的世界。这是一个无许可、可编程的宇宙，致力于成为人类创造力的映射。这是一个彻底的、开放性的宇宙，吸纳着玩家、开发者、合作方等各方源源不断的创意，在创意和玩法不断的排列组合中，这片无限进化的宇宙，或许会更接近元宇宙的本真面目。

---

① 见施展文章《元宇宙，到底位于数字世界第几层？》

第五章　制约元宇宙发展的瓶颈

2021年11月17日，人民日报评论称："虽然元宇宙似乎拥有广阔空间和多种可能，但目前还是一个尚未成型的新兴事物。元宇宙产业还远远达不到全产业覆盖和生态开放、经济自治、虚实互通的理想状态，在技术层面、法律层面、道德伦理层面，都还有很长的一段路要走。未来的元宇宙需要一套完整的交易货币、经济秩序、社会规则、制度选择，甚至价值取向。其所涉及的相关制度及政策都是需要长期讨论和跨国家磨合的议题"。这其实直接指出了当下制约元宇宙发展的几大瓶颈。

一、无界的虚实交互：技术瓶颈

如前文所述，元宇宙由六大核心技术组成，其中算力与硬件是元宇宙的入口。硬件与算力相辅相成，构成元宇宙的硬核。硬件设备以及算力，无疑是元宇宙在当下最显而易见的入口。通过硬件设备，人们可以轻松进入元宇宙的时空之中。

但是，截至目前，VR眼镜和VR头盔等可穿戴设备、脑机接口等硬件技术都还远未成熟，VR头盔效果相对好一些，但无法克服眩晕感，也无法脱离特定场地。VR眼镜效果不佳，还有很多问题需要攻克。而脑机接口技术尚存在很多问题，距离成熟还很遥远。无论是 VR、AR、MR、ER 技术，还是 XR 技术，都还需要数十年的发展。

另一大技术瓶颈是算力难题。打通硬件设备的入口，下一步就是虚拟世界的搭建，这或许才是当下最大的技术障碍。在动画工业中，一般动画都由上百台设备集成，以期短时间内完成渲染，而这实际上就是一种堆叠算力的方法。这一策略也反映出当下单一硬件设备性能与高精度渲染运算之间，可能存在几个数量级的差距。渲染的背后是 GPU 芯片的性能，这又受制于摩尔定律，不太可能短期内实现性能的指数级提升，未来元宇宙对于算力和实时性的要求，将远超目前云游戏的现状。

而算力的提高需要更高性能的芯片技术的提升。

技术发展方面，元宇宙仍然充满不确定性，也缺乏实际的产品支持。区块链、5G、人工智能、3D 引擎、VR/AR/MR、脑机接口等底层支撑技术虽已取得巨大进步，但距"元宇宙"概念落地仍有较大差距。试图把现有网络、硬件终端和用户囊括进这一数字虚拟系统之中，并建立完整的元宇宙生态系统，并非朝夕之功，需要大量基础研究和应用场景作支撑。盲目包装概念和过度金融化，元宇宙可能会成为一些企业借机炒作的噱头，甚至引发新一轮市场泡沫。如有的企业在知识付费项目上，把元宇宙包装成一夜暴富的机会，声称"未来只有'元宇宙'这一条路"，从而借机大赚一笔；有的企业没有任何与元宇宙相关的实体内容，却热衷于抢注各种相关商标，挖空心思从"元宇宙"概念中分得一杯流量羹。如此现象，不能不警惕。

二、现实世界的冲击：法律难题

毋庸讳言，元宇宙的发展需要经历数个漫长的阶段。在互联网时代，大规模变革的逻辑，是由无数技术、应用落地的节点组成。可以想象到，与互联网相比，元宇宙需要更多的前沿技术，包括智能硬件设备、软件、操作系统、芯片等各种最具未来感的技术，这里面几乎囊括了众多的第四次工业革命一揽子核心技术。

未来，随着技术的成熟，更多现实世界中的实体产业活动有望完成数字化转型，其中工业互联网、电商、物联网等都会经历下一轮改造升级。

首先，从元宇宙技术组成与经济系统看，涉及很多与现实世界相互关联的应用，这些应用涉及现实世界现行法律之间的衔接与冲突问题，有的则是崭新的法律问题。比如，数字孪生中涉及的知识产权问题。

其次，从元宇宙系统内运行机理看，同样涉及许多崭新的法律问题，比如，元宇宙内发生的性骚扰、数字资产侵权等问题如何处理。

最后，元宇宙发展到高级阶段，反过来影响现实世界时，会对现实世界带来巨大的冲击或改变，从而带来一系列法律问题。

美国康奈尔大学法学院教授於兴中教授就元宇宙所引发的法律问题进行了一个系统分析。他认为，应该考虑的法律问题可能涉及以下 11 个方面。

第一方面，从宪法的角度来看，元宇宙首先涉及主权问题，像 Meta 这样一个超级平台会不会改变现有的政治结构，这是一个大的问题。其次，由于化身的普遍化，个人身份的界定就成了问题。如何来界定"现实—虚拟"这种状态下的人的身份？传统宪法考虑的是实际的人，但没有考虑过虚拟的人。当一个人有几个化身时，如何证明某一个人的真实身份，应当保护哪一个化身？

第二方面，从国际法方面来看，管辖也是个问题。像 Meta 这样的大公司会牵涉许多国家，一旦出现纠纷，就会面临管辖的问题，以及适用法律的问题，如何进行司法协调，如何解决纠纷，如何安排执行等，这些问题都与国际法有关。

第三方面，从人权的角度来看，可能消费者保护法是元宇宙里最重要的人权。用什么样的方法才能够保障我们的隐私？消费者进入元宇宙之后，他会享有什么样的权利，他的权利受到了损害之后应该如何去保护？

第四方面，一种新的宪法权利——数据隐私权可能已经成为必须。

第五方面，在与元宇宙相关的法律里，未成年人保护法是最重要的。

第六方面，另一个重要的领域是关于虚拟财产权利的法律。必须要明确平台、创业者及玩家各自的权利，充分界定虚拟财产权，比如可选择权、可携带权或者到其他平台使用的权利。人们要通过替身/化身在元宇宙里交流，就应有权选择自己的化身。同时也应该有携带化身到别的平台玩的权利。

第七方面，涉及反平台垄断法问题，元宇宙应该是一个复数，不仅仅是 Meta 一家，要保障各家公平竞争。政府的监管机构应该考虑如何使各家平台能够公平竞争。

第八方面，与此相关的是平台权利责任法。在此方面，各国都有不同程度的规定。GDPR（欧盟《通用数据保护条例》）、CCPA（《加州消费者隐私法案》）、CPRA（《加州隐私权法》），以及中国的《个人信息保护法》都有比较详尽的规定。当然，这些法律也有待进一步改进。

第九方面，知识产权保护法也需要认真落实并且不断改进。网络一直是知识产权盗版的重灾区，在元宇宙中这些难题只会更加复杂。前面已经提到过，元宇宙这个大的概念的版权也是个问题。

第十方面，还有一个领域，就是税收法。应该对元宇宙的经营者和使用者课以重税，以补偿现实世界中真正做事的劳工。试想一下，在元宇宙里面，从事交易的人不见面就可以达成交易，完成项目。然而，项目协议达成后，如何才能够付诸行动，如何才能够把它实现？靠谁去实现？还是要靠那些在现实世界里真正做事的劳工。这当然只是一种想法，不一定能够实现。

第十一方面，最后一点是，要关心数字生态系统，应该有数字生态系统保护法，妥善处理数据垃圾，严格监管元宇宙的运作对环境生态造成的破坏。其实现在实际上数字垃圾或者数字污染问题已经变得非常严重了。

北京大学法学院沈岿教授认为，第一个问题，我们现在的法律基本上是跟民族国家紧密联系在一起的。民族国家有两大元素，一是领土，二是人民或者是具有民族国家国籍的公民。可是，在元宇宙里，领土已经不存在了。人民和公民会是什么样的呢？现在，我们早已有了一个新的概念叫"网民"（netizen）。互联网世界里的人，不分具体进入哪个平台，都可以叫作"网民"。在元宇宙里，我们又会获得一个什么更新的概念呢？可以称作Metizen吗？这些又会带来什么问题呢？我们假设一个场景。一个人在扎克伯格公司的虚拟空间里，邀请扎克伯格同我进行一次交流。如果扎克伯格在元宇宙里说了一些可能在某个主权国家看来不该说的话，那么，这个人有没有法律上的麻烦，扎克伯格有没有问题？哪个主权国家的法律能适用于这次谈话？

第二个问题，关于主权。在主权概念出来之前，在欧洲，有教会法、封建法、庄园法、王室法、城市法等，可谓诸法林立。我们现在的主权观念实际上是16世纪法国人让·博丹创造出来的，主要就是为了顺应民族国家的崛起、君权的崛起。随后，世俗法也跟着兴起，逐步取代了教会法的传统支配地位。之后，大家比较熟悉的卢梭创造了人民主权理论。无论是主权在君还是主权在民，法律都被认为是主权者意志的一个体现。那么，在元宇宙里，主权在哪里？如果我们进入某个元宇宙里，我们可能要受到它各种各样规则的约束，规则制定的权力究竟是一种什么样的权力呢？在元宇宙里，国家的法律可能仍然会发挥作用，但是更多发挥作用的是平台规则。也就是现实中的法律与元宇宙中的平台规则会形成双重约束。

第三个问题，传统的财产指向的都是现实的有形物，是真金白银。后来，因为知识产权保护的需要，也出现了"无形财产"的概念。现在，数字时代来临，已经出现了一些虚拟财产，如虚拟货币、游戏卡、游戏装备等。所以，现在又有一个新的概念叫"数字产权"。但是，概念容易创建，而与之配套的一系列规则的建构确实是比较困难的。

第四个问题，关于人身。替身和真身到底谁是真正的法律行为

第五章 制约元宇宙发展的瓶颈

主体？传统法律保护自然人、给自然人权利，是不是能够自然地延伸到替身身上？传统法律对自然人提出的要求是不是也能自然地延伸到替身身上？我再进一步说明，比如说，甲替身遭到了乙替身的唾骂，到底是谁侵犯了谁的人格，谁侵犯了谁的尊严？再比如，如果甲替身签署合同，这个合同到底有没有效？假设，甲替身说了一番话，甲真身又否认这是他说的。到底通过什么方法确定是甲反悔了，还是甲真的被"黑客"了？这一系列问题都涉及因人身而产生各种各样争议。

第五个问题，法律关系。法律关系就是权利义务关系，大致上分成两类。一类是民法上或者私法上的法律关系，是平等主体之间的。相对而言，另一类的法律关系是公法上的关系，就是公权力主体和私人之间发生的，往往是一种不对等的法律关系。当然这种区分并不是绝对的。通常所说的民事法律关系也难免会存在一些并不是那么平等的情况。那么，到了元宇宙里，这样的不对等关系可能会更多地存在。尤其是，当我们在元宇宙中的沉浸感越来越强、越来越依赖于元宇宙平台的时候，元宇宙对我们的这种不对等控制就可能会更加全面。

第六个问题，定性平台与用户关系的格式合同理论。平台和用户之间的关系，在很多方面是不对等的，但是目前还是把它理解为在格式合同基础上建立的平等主体之间的关系。也就是说，平台通常会给你一个用户协议，同时提供一个隐私政策，然后问你同意不同意，我们大多时候为了用 App，不看协议和政策就点击同意了。点击同意以后，这个 App 上面所有的平台规则以及未来要制定的规则也就被认为是格式合同的补充合同或条款，尽管这些规则的制定和出台根本不需要跟你谈判协商。当然，这种定性引起的争议还是蛮大的。因为，一个巨头平台对用户的控制力非常强。用格式合同理论去定性这种关系是否合适？是否能解决平台随意制定规则、适用规则的问题？未来的元宇宙会不会出现一种格式生活。因为你的生活方式都是通过他们的算法给你规定下来的，你的自由意志已经很难充分体现出来了。①

三、元宇宙中的治理：规则制定

人类目前为自己构建的技术世界建立在赛博物理空间（CPS）之上，不论是否称为元宇宙，下一步如果继续以信息和数据作为构建世界的关键路径，将会是整合多种新技术而产生的新型虚实相融的互联网应用和社会形态。亟待深入思考的是，元宇宙的构想与构建具有超越性，可能会把人类带进一个超历史空间。这个空间不仅仅涉及现实、虚拟及扩展现实等感知体验世界，更是一个超越现实与虚拟体验，涉及符号/象征、想象等观念和意义创造的世界。如果考虑到符号/象征、想象这一更高的维度，元宇宙的构建可更多地依靠人们自主的意识和观念的创造与合适的技术实现方式的结合，而不一定要走向单纯依赖技术无限升级的加速主义，甚至落入单一趋同的模式。若认识到这一点，未来，元宇宙的监管和治理面临的可能不是单一维度的技术体系——唯一的元宇宙帝国，而是一个多维整合的技术体系——多样化的元宇宙共和国或多种微世界的

---

① 参见新浪科技2022年2月8日发布的《元宇宙是什么 法律怎么看》一文，部分有修改。

联合体。

针对当下火热的元宇宙,很多专家认为,元宇宙应该以人为本,应该用来强化现实世界,而非替代物理世界,不能让人们沉迷于虚拟世界。越来越多的人发现,虚拟空间与真实空间都需要治理,都需要有秩序。

元宇宙概念的提出,使得人们第一次整体性看待过去 20 年各自发展的互联网、人工智能、区块链和安全计算等技术及其形成的各类虚拟系统,从而揭示出人类政治、经济和生活已经被各类虚拟系统重新组织,形成了大量基于数字化的、复杂的新关系,颠覆了原有现实世界的权力、权利和关系。赛博物理空间已经与现实世界的既有秩序、组织和结构形成了张力,也为现实世界的治理带来了全新维度的挑战。这些张力和挑战已经引起了人性挑战、社会撕裂、政治动荡、金融风险等一系列问题,并仍在酝酿新的隐患。因此有必要重新审视目前分散但存在联系的各个虚拟空间对现实世界的冲击。虚拟空间中缺乏制度共识和构建,虚拟空间和现实世界制度的冲突已经成为下一代互联网迫切需要解决的议题。

也有多份研究报告认为,元宇宙是现实物理世界在数字虚拟世界的延伸与拓展,追求跨越现实物理世界与数字虚拟世界之间的界限,有可能对现有政治结构、金融体系和人类生存模式形成前所未有的冲击,引发与平台管控、经济监管、政策立法等有关的一系列新问题。从政府角度来看,元宇宙不仅是重要的新兴产业,也是需要高度重视的社会治理领域。"元宇宙"概念的不断演变和发展,将深刻改变现有社会组织结构和运作方式,形成虚实结合的新型生活方式,催生线上、线下一体的新型社会关系,并从虚拟维度对实体经济产生影响。这就需要从全局上考虑、处理数字虚拟世界中关系重大公共利益、公共安全的社会治理和危机应对问题，以及如何防止和解决"元宇宙"所产生的平台垄断、监管审查、数据安全、个人隐私等一系列法律问题，并加强数字科技领域的立法工作。

四、前沿技术的组合：伦理窘境

如前文所言，元宇宙是一系列前沿技术的有机组合，而技术、产业与资本三者互动并共同推动经济发展的历史告诉我们，每一次前沿技术的产业化、资本化变革都会带来全新的法律治理及伦理问题。而在元宇宙系统中，数据、算法、人工智能、区块链等技术无疑都是核心技术。因此，这些技术无论单独发展，还是与其他技术组合形成元宇宙系统技术，都涉及伦理问题。

在这个过程当中，人工智能的作用就是连接现实世界和虚拟世界，让用户在不同的宇宙中生活。在现实世界中，每个人有自己的身份，而在虚拟世界，人们亦可以通过另外的角色完成与周围环境的实时互动。而算力可以帮助将现实世界投射到虚拟世界中。通常第一步是把相关信息采集下来，并没有真正语义上的东西，仅是完成了所谓的空间数据化。但是通过 AI 与算力的突破，每一件东西正逐步被赋予人类能理解的含义，不仅是空间数据化，还有要素结构化、流程交互化，进而对应到虚拟世界当中。让人们不仅可以访问，还可以使用、修改与现实世界相关的内容，甚至进行互动。

2021 年 9 月 25 日，国家新一代人工智能治理专业委员会发布《新一代人工智能伦理规范》，提出要将伦理道德融入人工智能全生命周期，为从事人工智能相关活动的自然人、法人和其他相关机构等提供伦理指引。此前的 8 月 27 日，国家网络安全和信息化委员会办公室发布了《互联网信息服务算法推荐管理规定（征求意见稿）》（以下简称《算法规定草案》），根据《算法规定草案》，不得根据消费者的偏好、交易习惯等特征，利用算法在交易价格等交易条件上实行不合理的差别待遇等违法行为。

在全球范围内，加强数据和算法的治理，几乎成为近几年各国重要的立法方向。如同互联网在统一 TCP/IP 协议后才真正实现互联互通，元宇宙里必须先有共识，奇点才会到来。否则每个互联网公司、游戏公司在已有生态圈里打造的"虚拟人生"，不过是一场规模更大的游戏罢了。那么，共识如何形成？算法是现实世界的某种映射，对算法价值观的修正，是目前全球都在关注的话题。但从另一个层面来看，算法也必须是现实中已有制度和规范的映射。无论是刚刚出炉的《新一代人工智能伦理规范》，还是欧盟对于人工智能与数据的预先监管战略，都是为了规避人工智能与数据风险而提出的治理方案，与各国、各区域已有的文化、伦理、规范息息相关。

对人工智能最深层次的担忧来自伦理的怀疑。苹果 CEO 库克在麻省理工学院毕业典礼上说："我不担心人工智能像人类一样思考问题，我担心的是人类像计算机一样思考问题——摒弃同情心和价值观并且不计后果。"

人工智能的创新来源于对过往认知的颠覆，因此行业应用中的伦理治理问题就愈加重要。同时，科学发展的路径之一是演绎，即给一个基点，不停地推到边界。既然今天在伦理治理方面有一些核心原则，我们完全可以通过原则往前演进，去探索一下伦理和机器可触达的边界是什么。

技术的伦理治理框架都可以被归类为三大类：第一类是以人为本，无论是人的公平性、身份性问题、尊严性问题，还是确认主权问题，数据安全问题等，都属于以人为本的范畴；第二类是技术可控，包含透明计算、可解释性、技术安全的边界等；第三类是可持续发展，寻求绿色的、长期的发展。未来的人工智能伦理治理其实就是在这三大支柱当中求得平衡。

由此看来，以上仅仅从构成元宇宙的核心技术之人工智能、数据与算法等进行伦理考察，就会发现技术伦理的重要性。因此，在伦理道德方面，元宇宙深度释放了人类创造力与能动性，集中体现了人类对于突破物理限制、拓展生命体验的内在向往。元宇宙中构建的数字虚拟世界，既是现实物理世界的数字化复制物和创造物，也是科技改变生活与科技向善的结合，但并非与世隔绝的桃花源，更不是逃离现实的乌托邦。进一步讲，元宇宙营造的沉浸式体验不是沉沦式生活，不能成为使人无形中丧失求真意识、热衷于成瘾式游戏生活的借口；元宇宙的去中心化尝试无法去平台化，难以阻断商业组织的天然垄断倾向；元宇宙的数字创造无法摆脱关键生产要素需求，依然得遵循劳动价值规律；元宇宙中人与人之间关系的深度虚拟化，必须依托社交网络的演化发展，难以切断与现实物理世界的必然联系。因此，元宇宙中构建的虚拟身份、虚拟产品、虚拟市场、虚拟交易、虚拟生活、虚拟经济、虚拟人生等，不能脱离伦理道德的约束。

五、去中心化的悖论：再中心化

虽然元宇宙具有"去中心化"特点，但是与以往前沿技术和数字生态类似，长期的行业演进极易在最终形成"中心化"的数字平台与科技巨头。如此就形成一个悖论，原本打着"去中心化"的旗号去拆解原来的中心化巨头，结果使得自己成为再中心化平台，又形成了新的中心。这如同互联网对传统行业的颠覆，打掉传统行业一个个中间环节和小中心，结果导致互联网巨头成了赢家通吃的超级中心，这一现象同样会在元宇宙的早期出现。

虽然元宇宙大系统是去中心化的，但并不妨碍技术、资金实力雄厚的科技巨头通过其在某一方面领先的技术构建起小中心，出于利益的考量，科技巨头一定会在发展之初通过技术发展或规则制定，构建有利于维护或拓展利益的平台。因此，率先入场的头部公司通过科技研发、资本积累将获得巨大优势，在赛道上展现出超人一等的身位优势，而这些垄断性的巨头届时将掌握更全方位的信息与数据，大数据"杀熟"以及"信息茧房"现象将更加常见，对国家安全、公民安全、信息安全形成持续挑战。

第二篇

元宇宙法律

第六章 元宇宙法律通则

元宇宙虽然是虚拟空间，但并非脱离现实世界而独立存在。人作为纽带，连接着元宇宙和现实世界。元宇宙内活动的主体是虚拟用户（虚拟人、数字人、虚拟数字人，统称为"假人"），但每一个虚拟用户都关联着并受控于现实世界中的一个自然人或者法人，简称"真人"。也就是说，元宇宙的虚拟用户是现实世界里真人的化身。当然，一个现实世界的真人在元宇宙中可以有多个化身。可见，元宇宙内虚拟用户的活动，本质上都是现实世界里真人的活动。

由此，目前主流观点是，关于现实世界真人的经济逻辑、伦理规范和法律体系，原则上都应该适用于元宇宙内的虚拟用户，即适用于虚拟用户背后的真人。因此，元宇宙需要一套规则、一套治理体系，一套法律、一套伦理，而法律是规制中最为重要的要素。

一、元宇宙知识产权法律

为提高用户对场景的真实体验感，元宇宙开发者会将现实世界的场景元素嵌入设计的虚拟场景中，而这些元素如果是他人享有权利的美术作品、建筑作品，没有经过授权的"搬运"可能存在著作权侵权的风险。如果这些源自现实世界的元素包含各类商标，没有经过权利人的许可，同样存在侵权风险。此外，还涉及专利风险，元宇宙一系列前沿技术的组合，这些技术日新月异，不断创新，涉及硬件、软件、操作系统、算力、算法等，这些技术符合专利条件的可申请专利。因此，元宇宙还涉及一个知识产权法律保护问题。

以 NFT 举例来说明元宇宙涉及的知识产权问题。我们先设想一个场景，摄影师将自己拍摄的作品转化为 NFT，即一串具有唯一性的加密代码，授权平台作为数字藏品售卖。权利链条清晰，自然不会有侵权问题。但随着 NFT 交易的入局者变多，数字藏品的流通变得频繁。数字实体与物理实体相对分离，就会让作品的确权变难。如果形成数字藏品的物理实体一开始就是侵权作品，之后的 NFT 交易，就会存在侵权风险。总之，NFT 技术虽然新，但整体的商业模式不过是将传统的交易场景置于区块链上的"新瓶装旧酒"。特定的监管规则虽然尚未出台，但基于现有监管框架，相关从业者依然可以找到规则的参照系。

二、元宇宙数据合规法律

近几年来，不仅欧洲与美国对数据合规越来越重视，不断出台相关监管法规，国内对数据的监管也愈加严格。数以百计的处罚案例中，"违规收集个人信息""没有向用户明示隐私权限"是其中较为突出的受罚原因。权属各异的海量数据是元宇宙的基础，而这些数据来自并存储于现实世界中。因此，元宇宙的经营同样需要注重数据合规。就用户的隐私保护而言，经营者应当注意收集的用户信息不得超过隐私协议所述范围。与元宇宙运行相关的非必要信息，若要向用户征集，必须经过用户明示同意。数据合规是元宇宙的共性法律关系之一。

（一）大数据概述

大数据（Big Data）指的是所涉及的资料量规模巨大到无法透过主流软件工具，在合理时间内达到撷取、管理、处理并整理成为帮助企业经营决策更积极目的的资讯。在维克托·迈尔-舍恩伯格及肯尼斯·库克耶编写的《大数据时代》中，大数据是指不用随机分析法（抽样调查）这样的捷径，而采用所有数据进行分析处理。大数据的5V特点（IBM提出）：Volume（大量）、Velocity（高速）、Variety（多样）、Value（低价值密度）、Veracity（真实性）。麦肯锡全球研究院给出的定义是：一种规模大到在获取、存储、管理、分析方面大大超出了传统数据库软件工具能力范围的数据集合，具有海量的数据规模、快速的数据流转、多样的数据类型和价值密度低四大特征。

大数据技术的战略意义不在于掌握庞大的数据信息，而在于对这些有意义的数据进行专业化处理。换言之，如果把大数据比作一种产业，那么这种产业实现盈利的关键在于，提高对数据的加工能力，通过加工实现数据的增值。

从技术上看，大数据与云计算的关系就像一枚硬币的正反面一样密不可分。大数据必然无法用单台计算机进行处理，而是必须采用分布式架构，它的特色在于对海量数据进行分布式数据挖掘。但它必须依托云计算的分布式处理、分布式数据库和云存储、虚拟化技术。

大数据是数字化、智能化时代最重要的生产资料,其作用相当于工业时代的石油。大数据是人工智能最为核心的生产资料,没有了数据,谈何智能。

(二)大数据涉及的法律问题

法律所调整的大数据社会关系是围绕大数据生成、存储、应用与监管过程中所形成的社会关系,这些关系是发生在数据采集、分析、传播、存储、交易、使用、共享与监管过程中形成的关系。数据采集、分析、传播、存储、交易、使用、共享与监管是大数据形成的行为束,这些行为形成不同的行为关系,如收集行为关系、汇编行为关系、挖掘行为关系、使用行为关系与监管关系。

因此,大数据法是调整大数据生成过程中的采集、分析、传播、存储、交易、使用、共享与监管过程中发生的社会关系的法律规范总称,具体包括数据采集关系、分析关系、传播关系、存储关系、交易关系、使用关系、共享关系与监管关系。

信息技术与经济社会的交汇融合引发了数据的迅猛增长,数据已成为国家基础性战略资源,大数据正日益对全球生产、流通、分配、消费活动以及经济运行机制、社会生活方式和国家治理能力产生重要影响。大数据立法的完善将为数据主权、数据安全、数据创新发展、数据监管、数据共享等方面提供有力保障,大数据立法研究的意义就在于此。

三、元宇宙侵权法律责任

元宇宙中常见的法律问题可能就是侵权法律责任了,如果行为、情节或后果进一步升级触犯刑法的话,则属于刑事犯罪的范围。在侵权法律责任中,根据目前对元宇宙的认知,大致有如下几种情形。

第一类,知识产权侵权风险。特别是对于数字孪生而言,该风险极高,因为数字孪生就是将现实世界的东西仿真到元宇宙之中,这就涉及现实世界既有作品的著作权、商标权问题,如未经权利人许可,则涉嫌侵犯权利人的知识产权。

第二类,侵犯肖像权及人格权的风险。该类情形主要发生在制作与发布虚拟数字人时,若未经他人许可,擅自制作并发布虚拟数字人,则涉嫌侵犯他人肖像权与人格权。

第三类,数字资产所有权侵权风险。对于侵犯元宇宙中其他用户的数字所有权的,则侵权人承担侵权责任,平台若存在过错,则可能承担连带责任。

第四类,涉嫌侵犯他人人身权。在元宇宙中,若一方侵犯他人,比如触摸或以其他方式给他人造成精神痛苦的,则涉嫌侵犯人身权。

四、元宇宙监管与规制问题

元宇宙是平行于现实世界的虚拟世界,其核心基础之一是区块链技术,NFT、DAO、Web 3.0 等是元宇宙经济系统中的重要基因,而这些基因都是去中心化的、分布式的。那么，是否意味着以去中心化为基础的元宇宙不需要监管和规制，仅元宇宙内部治理即可了呢？

就去中心化而言，绝对的去中心化是不存在的，即便当下最经典的去中心化项目BTC区块链，也存在两个制约因素。其一，中本聪设计了经济模型，其运行机制依赖于最初的发起者，并非全网用户可以参与决策设计；其二，BTC区块链的安全性与共识受制于算力，拥有超级算力的组织将主导其分叉，所以BCH等就是BTC的分叉。也就是说，BTC在实际运行中，也受到了矿场的影响。

因此，既然元宇宙是人打造的，就不可能超然于人之外。况且当下很长一段时间里，所谓的元宇宙项目也主要由互联网巨头来主导，基于各个平台的认知及模式不同，会出现多个元宇宙系统。而这些系统的设计模式还是取决于平台最初制定的规则。此外，元宇宙跨越国家管辖，涉及多个法域，而每个法域的监管及法律有所不同，这就涉及跨境合作问题。所以元宇宙监管是必须的。

笔者认为，元宇宙的监管与规制，涉及多个问题，比如数据合规、隐私保护、商业模式、经济系统、经营主体、金融行为、刑事犯罪等多个层面的问题。具体问题将在之后详细论述。

五、元宇宙反垄断与不正当竞争

如同互联网一样，未来的元宇宙也可能由百花齐放的局面逐步形成高度集中的垄断局面。同时，在由各个平台主导的元宇宙系统中，还可能存在恶性竞争问题。因此，如同互联网监管一样，元宇宙也可能存在反不正当竞争及反垄断的需要。至于当下的《反不正当竞争法》及《反垄断法》是否完全适用于元宇宙，则要结合元宇宙未来发展脉络及实际运行状况来讨论了。

六、元宇宙刑事犯罪法律问题

目前元宇宙发展尚处于初级阶段，技术有待进一步发展，应用场景需要进一步探索，商业模式及经济系统需要谨慎论证，法律与监管远远滞后，无法适应元宇宙的发展。但是，就目前认知的元宇宙而言，其有关的商业模式及经济系统即与现行的法律法规存在冲突，甚至触犯刑法构成犯罪。这种情形主要有三类：

第一类，若采用多层级返利的营销策略，就可能涉嫌传销犯罪。以目前 NFT 交易最流行的数字藏品为例，当此类文化产品的权益被等额分份或者转变为期权期货等交易形式时，可能会涉及非法经营罪。此外，在 NFT 概念被炒得火热的情况下，与之相关的中介服务也将兴起。此类交易服务由于没有监管的明确许可与约束，可能会被认定为非法资金支付结算业务。若数字藏品与用户之间原本单一的交易链条出现多层级主体，就很可能被认定为传销，涉嫌非法经营犯罪（传销是非法经营犯罪其中之一）。

第二类，如果是采用代币交易或者积分形式吸引用户，则涉嫌非法集资。以 NFT 为例，基于 NFT 技术产生的数字艺术藏品，天然存在不可分割性。考虑到 NFT 市场关注度逐渐提升，不排除未来会出现集资购买 NFT 艺术藏品的现象。如果 NFT 平台的市场人员诱导客户集资购买甚至为筹款提供便利和帮助，NFT 的单笔交易被拉高,就很可能涉及经济犯罪,达到非法吸收公众存款罪的入罪门槛。如果个别投机者利用真实的或虚构的 NFT 相关项目,开展集资行为,并将所得款项据为己有,情节严重的,涉嫌集资诈骗罪。涉事人员或者企业如果落入这一罪名,通常会受到比"非吸"罪更严厉的刑罚。

第三类,若发行代币则可能涉嫌非法发行证券。若发行代币募集资金,比如 ICO 等,则涉嫌非法公开募资的非法发行证券犯罪。

七、元宇宙产权保护与财产继承法律制度

元宇宙经济系统中必然会产生经济活动与数字资产,对于元宇宙经济系统中的相关经济组织,是否与现实世界一样建立相关的产权保护制度?对于元宇宙系统中的主体所拥有的数字资产,是否给予法律上的财产保护?是否规定其财产的继承权?这些都是元宇宙法律通则需要考虑的问题。

第七章　未来技术与法律

如前文所述，元宇宙的价值形成与实现，与现实社会/现实世界显著不同的一大特点是元宇宙的生产力、生产关系重构完全靠技术来实现信任、激励、生产与分配，也就是技术虚拟的社会，被专家称之为"机器信任"。而现实世界的信任、激励、分配完全靠市场或法律规则。

元宇宙价值的形成与实现，需要依赖两大核心技术基础来支撑：一是感知技术的快速进步，二是区块链技术的突破。也就是说，感知技术与区块链技术构成了元宇宙的两大底层技术，这两个底层技术的成熟度决定了元宇宙的走向与未来。感知技术包括现实世界与虚拟世界的交互技术，如算力技术、仿真技术、智能技术等；区块链技术包括密码学、公链技术、分布式存储、零知识证明、隐私计算、共识机制等。本章我们主要讨论和分析该两大技术涉及的法律问题。

一、VR 与法律

(一)VR 技术概述

VR 技术是 XR 中最重要的技术。XR 技术即扩展现实，是 VR、

AR、MR 的合称。通过可穿戴设备和计算机技术，XR 可为受众带来真实与虚拟结合、人机交互的环境。

Virtual Reality，虚拟现实，缩写为 VR，是于 20 世纪发展起来的一项全新的实用技术。虚拟现实技术囊括计算机、电子信息、仿真技术，其基本实现方式是计算机模拟虚拟环境从而给人以环境沉浸感。随着社会生产力和科学技术的不断发展，各行各业对 VR 技术的需求日益旺盛。VR 技术也取得了巨大进步，并逐步成为一个新的科学技术领域，具有沉浸性、交互性、多感知性、构想性、自主性等五大特征。VR 拥有动态环境建模技术、实时三维图形生成技术、立体显示和传感器技术、应用系统开发工具、系统集成技术这五大技术，沉浸感是其显著特点，这也是其实现虚实结合、仿真现实、虚实融合的关键所在，其区别于纯粹的 3D 技术的特征之一，但当下的 VR 硬件设备携带不便，受特定场地限制约束，无法克服眩晕感。

与 VR 技术相关的还有 AR、MR 与 ER 这三项技术，逐一介绍如下。

Augmented Reality，增强现实，缩写为 AR，是一种将虚拟信息与现实世界巧妙融合的技术，广泛运用了多媒体、三维建模、实时跟踪及注册、智能交互、传感等多种技术手段，将计算机生成的文字、图像、三维模型、音乐、视频等虚拟信息模拟仿真后，应用到现实世界中，两种信息互为补充，从而实现对现实世界的"增强"。AR 拥有跟踪注册技术、显示技术、虚拟物体生成技术、交互技术及合并技术五大技术。AR 的三大技术要点：三维注册（跟踪注册技术）、虚拟现实融合显示和人机交互。

Mixed Reality，混合现实，缩写为MR，是一组技术组合，不仅提供新的观看方法，还提供新的输入方法，而且所有方法相互结合，从而推动创新。对中小型企业而言，输入和输出的结合是关键的差异化优势。这样混合现实就可以直接影响其工作流程，帮助其员工提高工作效率和创新能力。混合现实技术是虚拟现实技术的进一步发展，该技术通过在现实场景呈现虚拟场景信息，在现实世界、虚拟世界和用户之间搭起一个交互反馈的信息回路，以增强用户体验的真实感。

Emulated Reality，拟真现实、仿真现实或近真现实，缩写为ER，是一种技术集合，主要包含了VR、AR、MR、3D显示技术与AI等的综合性交互运用，在网络空间内建造与现实世界1∶1对应的数字镜像空间，人们能在ER数字化空间内自由行动、观看场景与购买其中的物品，在参与交互方式上也最大限度地接近现实世界。基于ER技术构建的场景可以理解为现实世界在互联网上的数字化镜像，ER数字世界将无限接近现实世界，并且每一处ER场景都有与之对应的现实世界里的场景。ER拟真现实有两层含义，一是视觉拟真，即人们在网上看到的ER场景主要是现实世界采集的景象而非数字建模模型；二是人们在ER数字世界里的交互方式最大程度上贴近人们在现实世界里的行为方式。

VR是纯虚拟数字画面，AR是在真实空间上加入裸眼可视数字信息，MR是真实数字化画面加上虚拟数字画面。MR与AR更为接近，都是一半现实一半虚拟影像，但其均无法在互联网上得到广泛的普及应用，也无法有效地打通虚拟与现实之间的界限达成信息对称。ER除了拥有以上VR、AR、MR的特点外，也解决了其相应的短板。

(二)VR 技术涉及的法律问题

当虚拟现实只是作为一种个体化的娱乐体验时,其创造出的新问题,也还是可以从知识产权、隐私权、刑事犯罪之类的视角加以区分,从而用传统法律加以回应。如果发展仅此而已,未来的确定性和现在没有太多区别。但是,人类发展的历史也一再向我们展示,人类对于未来的确定性的想象很容易落空,技术的每一点进步都有可能掀起狂风巨浪。因此,有必要尝试将视线投射得更远,对技术突破剧变的奇点之后带来的深刻变革加以预测。

对于虚拟现实而言,虽然当下的运用还相当有限,但一旦技术发展达到能够更好地建立起网络的水平(因此,技术的发展不仅意味着构建虚拟现实的运算能力提升,还意味着带宽更高、网络传输的保密性更强),也很可能出现与人工智能相似的发展轨迹。通过将消费者充分连入网络之中,使之同时成为生产者,就能够创造出更具有吸引力的虚拟现实,从而不断将新的消费者/生产者吸收进来,形成再生产的循环。商业竞争的推动力促成虚拟现实从个体化的娱乐转向社会化的运用,也将会进入类似的加速曲线之中,奇点便会顺理成章地出现。

从这样的视角出发,虚拟现实的发展将表现为从消费到生产这样一个过程。当其停留在消费这一层次时,作为消费者,即使并非单机而是联机参与到虚拟现实的娱乐中去,仍然是在被外界提前设计好的框架中,对于其中产生的问题,传统的法律并不难作出回应。而发展到生产这一阶段,问题就将变得更为复杂。生产意味着虚拟现实的消费者所采取的行为能够成为供人工智能学习的数据,而这些数据的生产与再生产的循环，又将转换为对虚拟现实的继续扩展。在这种场景下，参与到虚拟现实中的每一个个体、连入这个网络整体的每一个节点之间有了更全面与更密切的互动，他们的行动不是仅仅存在于一个事先构建的虚拟现实之中，而是共同构建了不断发展的虚拟现实。在这种情况下，才真正提出了全新的法律问题。

总体而言，虚拟现实与人工智能的结合，在当下形成的问题还能够用传统的法律框架加以解决，但技术发展形成的前景，则可能具有颠覆性意义。对于作为法律基础的权利、行为、平等这样一些概念，都会形成新的理解，从而构建新的规则体系。当然，虚拟现实可能引出的法律问题，绝不仅仅停留于上述层面。虚拟世界的成长，也不会是一个封闭状态，而是会反作用于现实世界，从而也会形成更进一步的法律挑战，但这已经是留待考察的另一个主题了。未来总是充满着变数，这对法学的挑战不容回避。[①]

VR技术给用户带来的"真实"感官体验，可能会引发更多的犯罪行为。如何防范和界定这些VR应用中的犯罪行为，如何建立有针对性的法律制度，是未来VR市场和管理部门需要关注的重点。除了VR技术涉及的现实世界犯罪或侵权问题，该类问题都可以用现行的法律法规予以解决。但对于VR技术引发的在虚拟世界中的犯罪或侵权问题，现行法律空白，还需要研究与制定。

目前，管理部门还没有颁布VR应用的相关法律，对VR应用中的虚拟形象的性犯罪行为还没有形成清晰的界定。因此，很多不

---

① 详见中国海洋大学法政学院教授李晟刊登在《中国社会科学报》的《面向虚拟现实的法律》一文

良用户为了寻求感官刺激，可能会在 VR 应用中"骚扰"和"侵害"其他女性用户。例如，美国的一位女子玩家在进行 QuiVr 游戏时，受到另一名男性玩家的"性侵犯"。这位女子玩家在进行 QuiVr 的多人射击游戏时，被一名男性玩家通过声音识别了她的性别身份，然后被此男性玩家在游戏中触摸了身体的一些部位。由于当前没有针对 VR 应用中虚拟形象性犯罪行为的界定，所以还无法判定这种行为是否属于性犯罪。随着 VR 技术的快速发展，未来 VR 应用提供的感官体验必将更加真实。因此，VR 产业的从业者和相关的管理部门必须要重视 VR 技术中潜在的性犯罪风险，建立完善的法律制度，以规范 VR 行业中开发者和用户的行为，从根本上保障每一位用户的生命财产安全。[①]

二、人工智能与法律

（一）AI 技术概述

人工智能的定义可以分为两部分，即人工和智能。"人工"比较好理解，争议性也不大。有时我们会要考虑什么是人力所能及制造的，或者人自身的智能程度有没有高到可以创造人工智能的地步。但总的来说，"人工系统"就是通常意义下的人工系统。按照发展阶段可分为弱人工智能（TOP-DOWN AI）与强人工智能（BOTTOM-UP AI）。

弱人工智能被认为不可能制造出能真正推理（reasoning）和解

---

① 详见陈韵如 2016 年 11 月的《VR 虚拟现实技术存在的法律和伦理问题》一文

决问题（problem-solving）的智能机器，这些机器只不过看起来像是智能的，但是并不真正拥有智能，也不会有自主意识。

强人工智能被认为有可能制造出真正能推理和解决问题的智能机器，并且这样的机器将被认为是有知觉和有自我意识的。强人工智能可以分为：类人的人工智能，即机器的思考和推理就像人的思维一样；非类人的人工智能，即机器产生了和人完全不一样的知觉和意识，使用和人完全不一样的推理方式。

目前，人工智能正以惊人的速度在两大领域推进。一是"合成智能"（synthetic intellects），即我们通常所说的机器学习、神经网络、大数据、认知系统、演进算法等要素的综合应用。它不是传统意义上的编程，也就是说，它突破了"机器只能做程序员编排它去做的事情"这一局限，你只要给它一大堆人类穷其一生也无法浏览完的数据（在互联网的帮助下，这意味着你只要把它联网并通过编程使它具有搜索功能），包括人类智力根本无法理解的无结构数据，再设定某个具体的目标，最终系统会产生什么结果完全不可预见，不受创造者控制。二是"人造劳动者"（forged labors），它们是传感器和执行器的结合，可以执行各种体力劳动任务，从海底采矿、外太空维修到战场杀敌。当然，离我们生活最近的例子是自动驾驶。这两个领域的结合不仅意味着机器人的头脑和四肢都是很强大的，还意味着机器人的大脑、感官和手脚是可以分离的，手脚（执行器）可以延伸到离大脑（中央处理器）十万八千里的地方。在万物联网的时代，只有不联网的东西才不在人工智能的可控范围之内。

(二)AI 技术涉及的法律问题

人工智能时代下的法律问题，不仅指人工智能在制造、使用及销毁过程中所涉及的相关法律问题，还包括人工智能自身所带来的新型法律问题。常见的有如下三大问题。

第一，人工智能涉及的著作权问题。人工智能创作，包括智能写作、智能画画、智能音乐等，可能产生著作权问题。例如，英国的一家公司研发的人工智能能够自主创作人脸画像，它不仅没有人类的干预，而且具有实时创造性，当人们注视屏幕时即时生成，且创作不具有同一性。那该画像的著作权归属于谁则成为需要思考的问题。

第二，人工智能涉及的个人肖像权、个人隐私及数据安全问题。指纹解锁、声纹解锁、面部解锁等技术的广泛应用，使得人工智能还可能借助人脸识别等技术对他人的人格权客体加以获取和使用，这也对公民的肖像权、隐私权等权利的保护提出了新的挑战。在人工智能时代，不仅数据属于新型的财产权需要保护，数据所涉及的安全问题更要引起重视。

第三，人工智能涉及的国家与社会安全问题。随着人工智能的智能化不断提高，它是否会对人类社会安全常态造成威胁，也是我们亟待探讨的。

三、计算与法律

(一) 计算概述

人工智能的三要素是数据、算力与算法，其中数据与算法是软资料，而算力是硬资料。根据英伟达的设想，未来的元宇宙最重要的技术支撑是算力，没有强大的算力支持，不可能仿生一个地球。

计算是算力的表征，计算包括云计算、边缘计算与雾计算三种，此外，还有基于区块链零知识证明的隐私计算或可信计算，生物技术与云计算融合的生物计算等。

云计算是一种利用互联网实现随时随地、按需、便捷地使用共享计算设施、存储设备、应用程序等资源的计算模式。云计算系统由云平台、云存储、云终端、云安全四个基本部分组成。云平台作为提供云计算服务的基础，管理着数量巨大的 CPU、存储器、交换机等大量硬件资源，用虚拟化的技术来整合一个数据中心或多个数据中心的资源，屏蔽不同底层设备的差异性，以一种透明的方式向用户提供计算环境、开发平台、软件应用等在内的多种服务。通常情况下，云平台从用户的角度可分为公有云、私有云、混合云等。通过从提供服务的层次可分为基础设施即服务（IaaS）、平台即服务（PaaS）和软件即服务（SaaS）。

边缘计算指在靠近物或数据源头的网络边缘侧，融合网络、计算、存储、应用核心能力的开放平台，就近提供边缘智能服务，满足行业数字化在敏捷连接、实时业务、数据优化、应用智能、安全与隐私保护等方面的关键需求。边缘计算的优点：低延迟以提高响应速度；在本地进行实时数据处理；更低的运维成本，因为数据量分散到不同节点；更低的网络流量，因为传输的数据更少。

雾计算有几个明显特征：低延时、可位置感知、广泛的地理分布、适应移动性的应用，支持更多的边缘节点。这些特征使得移动业务部署更加方便，实现更广泛的节点接入。与云计算相比，雾计算所采用的架构呈分布式，更接近网络边缘。雾计算将数据、数据处理和应用程序集中在网络边缘的设备中，而不像云计算那样将它们几乎全部保存在云中。数据的存储及处理更依赖本地设备，而非服务器。所以，云计算是新一代的集中式计算，而雾计算是新一代的分布式计算，符合互联网的"去中心化"特征。

认知计算包含了信息分析、自然语言处理和机器学习领域的大量技术创新，能够助力决策者从大量非结构化数据中揭示非凡的洞察。认知系统能够以对人类而言更加自然的方式与人类交互，专门获取海量的不同类型的数据，根据信息进行推论。认知计算的一个目标是让计算机系统能够像人的大脑一样学习、思考，并做出正确的决策。人脑与电脑各有所长，认知计算系统可以成为一个很好的辅助性工具，配合人类进行工作，解决人脑所不擅长解决的一些问题。

（二）云计算涉及的法律问题

云计算涉及如下五大法律问题。

第一，信息安全问题。"云计算"是一种远程信息服务，其本质上仍然是信息技术、网络技术的应用，因而人们在信息时代所担心的信息安全、网络安全同样也存续于云计算时代，并因技术的不断升级和专业化变得更加复杂。在一切信息都可能数字化并通过网络传输的情形下，信息本身所内含的社会属性受到新的威胁。信息安全关系着个人隐私、企业商业秘密和国家安全。在"云计算"情形下，数据存储于"第三方"，控制管理在他人之手中，数据安全隐患被认为是"云计算"应用最主要的障碍。

"云计算"带来的挑战表现在两个方面。一是"云计算"系统安全防护受到挑战。如果服务提供商可以随意处置用户数据，那么用户数据安全性与隐私将面临巨大的问题。二是"云计算"对现有安全体系带来冲击。"云计算"平台可以为用户提供更强大的计算能力，但是"云计算"平台无法识别用户的目的，无法区分计算任务是合法任务还是非法任务，这会给现有计算体系带来冲击。

从法律视角看，存储于电脑或服务器中的电子记录是否可以作为有效的证据，用来在法庭上证明过去发生的事实（合同缔结的意思表示、某人承诺等）。在第三方存管信息的情形下，会出现人为的不安全因素，比如第三方向政府和司法部门披露其控制的信息甚至向外人透露相关信息。这些不安全因素在"云计算"出现之前即存在，只是云计算因远程化、规模化、虚拟化等将不安全因素放大。

第二，数据权利问题。存储于云端的用户数据应当归属于用户，但是"云服务"提供商具有对数据的控制权（实际的控制能力）。这样，除了前述的安全问题外，人们对"云服务"的顾忌还涉及"云服务"是否能够确保用户对数据的支配权。在理论上，"云服务"必须能够确保用户对存储于云服务器的数据有绝对的支配权。这种支配权表现为，一是用户可以自主处分数据，包括法律上的处分（转让给他人）和物理上的处分（删除数据等）；二是在服务结束时用户可以完全地复制或取回自己的数据，或者在删除数据时确保云服务提供商不再保留任何备份。

第三，知识产权问题。在"云计算"体系下，用户不再购买和拥有硬件，也不需要购买和拥有相应操作系统和软件。这可能涉及知识产权问题。首先，用户是软件的使用人，不购买或下载软件仅仅使用是否构成版权法的使用？是否仍然需要软件许可？用户与"云服务"之间的"服务关系"是否包括软件的许可或再许可？其次，如果"云服务"发生侵权问题，是否会牵连到用户？

在用户为经营者的情形下，还涉及商业秘密问题。商业秘密保护的前提是权利人对特定具有商业价值的信息采取保密措施，在"云计算"的情形下，企业技术信息与经营信息存储于"云端"，"云端"的安全措施是否可以视为用户的安全措施？什么样的安全措施可以被法院认定为采取了保密措施？如果"云服务"按照政府的要求向政府有关部门提交信息，是否构成丧失秘密性？此类问题都处于不确定状态之中。

第四，政府监管问题。必要时云服务提供商为了满足政府监管或司法机关取证的要求，可能会向相关机构公开云端的部分数据，此时企业机密面临泄露的潜在威胁。

第五，分包协议问题。很多云厂商出于经济与规模的原因，均直接租用其他企业的基础硬件设施。用户跟分包企业没有直接协议，对他们的控制权限更加微弱。云服务提供商单方面选择的企业质量无保证，出现数据泄露、遗失等问题时，用户很难挽回损失。

四、数字孪生与法律

未来的元宇宙与现实世界之间的交互与关联，可能形成三种模式：数字孪生、数字原生及虚实相生。尤其是虚实相生未来将对现实世界冲击更大。

（一）数字孪生技术概述

2011年3月，美国空军研究实验室结构力学部门的 Pamela A. Kobryn 和 Eric J. Tuegel 做了一次演讲，题目是（Condition-based Maintenance Plus Structural Integrity（CBM+SI）& the Airframe Digital Twin）《基于状态的维护＋结构完整性 & 战斗机机体数字孪生》，首次明确提到了数字孪生。数字孪生，英文名叫 Digital Twin，也被称为"数字映射""数字镜像"。数字孪生，是充分利用物理模型、传感器更新、运行历史等数据，集成多学科、多物理量、多尺度、多概率的仿真过程，在虚拟空间中完成映射，从而反映相对应的实体装备的全生命周期过程。简单而言，数字孪生就是在一个设备或系统的基础上，创造一个数字版的"克隆体"。这个"克隆体"，也被称为"数字孪生体"。它被创建在信息化平台上，是虚拟的。数字孪生的发展和实现是众多技术共同发展的结果，从数据采集到功能实现主要分为四层，分别为数据采集传输层、建模层、功能实现层、人机交互层。每层之间是递进关系，都将上一层的功能进行扩展和丰富。数字孪生关键技术体系涵盖感知控制、数据集成、模型构建、模型互操作、业务集成、人机交互六大核心技术。

数字孪生是一种超越现实的概念，可以被视为一个或多个重要的、彼此依赖的装备系统的数字映射系统。数字孪生是个普遍适应的理论技术体系，可以在众多领域应用，在产品设计、产品制造、医学分析、工程建设等领域应用较多。在国内应用最深入的是工程建设领域，关注度最高、研究最热的是智能制造领域。

当前，数字孪生是各界关注的热点，全球著名 IT 研究机构 Gartner

曾在 2017 年至 2019 年连续三年将数字孪生列为十大新兴技术之一。正是因为上述仿真特点，数字孪生成为元宇宙中一项重要的技术，可以将现实世界用数字映射技术搬进元宇宙之中，理论上讲，该技术完全可以仿造出一个逼真的现实世界。

(二) 数字孪生涉及的法律问题

数字孪生是元宇宙最为重要的技术之一，其涉及的法律也较为前沿与复杂。就目前理解，主要涉及如下几个法律问题。

第一，关于数据处理主体的资质问题。

数字孪生应用全过程必然涉及不同主体（供应商），这些主体分别负责数据采集、存储、使用及共享等环节。由于不同应用场景的数据类型不同，数据处理环节不同，相关主体的资质合规要求也各不相同。

第二，关于数据处理行为的合规问题。

数字孪生应用涉及负责的数据处理行为，数据处理生命周期的链条很长，所涉数据量大，数据敏感度（重要度）极高，因此相应的合规风险也较大。在数据采集环节，考虑到孪生系统的真实性、平行性要求，应全面、准确地采集现实系统的数据。但是，《中华人民共和国网络安全法》《中华人民共和国个人信息保护法》《中华人民共和国民法典》对数据收集设置了广泛的合规义务。因此，必须做好数据采集中的车牌、人脸等个人信息及隐私的保护，以及敏感地理信息（军事、界线、土壤、测控等）的过滤等合规建设。此外，考虑到数字孪生的可视化特点，还要平衡好数据展示与敏感信息表达保护的要求。例如，根据《测绘地理信息管理工作国家秘密范围的规定》等规定，不得以任何形式（显示或隐示）表达涉及国家秘密和其他不得表达的属性内容和位置信息等。最后，大多数数字孪生应用涉及城市管理、交通等敏感行业，相关数据属于重要数据，还应当参照《中华人民共和国网络安全法》《中华人民共和国数据安全法》等做好重要数据保护，包括但不限于出境限制等要求，以及建立相应的管理制度、岗位人员职责、政府性合规等。

第三，关于数据处理系统的合规问题。

数字孪生应用涉及基础设施、测绘、GIS、建模、仿真、BIM（建筑信息模型）、大数据及人工智能等多个支持系统及应用系统的集成，不同系统之间涉及大量的数据交互，且数据敏感度极高，系统的网络安全风险极大，因此必须依法开展该类系统的网络安全合规建设。汇业律师事务所网络数据团队介绍，具体合规要求包括但不限于：一是应当按照《中华人民共和国网络安全法》《中华人民共和国网络安全审查办法》等开展网络安全审查，重点审查系统安全风险和业务连续性等风险。二是应当按照《中华人民共和国密码法》《中华人民共和国网络安全法》等开展系统密码应用合规审查，依法开展密码安全评估工作。三是应当参照《中华人民共和国网络安全法》《中华人民共和国网络安全等级保护条例（征求意见稿）》《公安部1960号文》等要求，依法开展网络安全等级保护定级、备案及测评等工作。四是应当参照《中华人民共和国网络安全法》《中华人民共和国关键信息基础设施安全保护条例（征求意见稿）》《公安部1960号文》等要求，依法开展关键信息基础设施识别、边界防护、安全保护、跨境限制、安全产品准入等合规建设。五是应当按照《中华人民共和国网络安全法》《中华人民共和国出口管制法》

等开展进出口管制合规审查；使用境外第三方开源代码的，还应当审查授权合法性等。①

第四，关于数字孪生涉及的算法黑箱化法律问题。

数字孪生的核心挑战是算法的黑箱化。提到算法黑箱，人们经常联想到暗箱操作、算法独裁这些负面评价。但从工程实践的角度来说，算法黑箱的另一个名字是"代码封装"，算法的黑箱化既不可避免，同时也具有一定的合理性。以界面层为边界，数字孪生体系中的数据、模型层通常被封装起来，使我们和数字空间形成了一个稳定的界面，减少了人们所关注的技术复杂度。当然，算法黑箱可能造成规则黑箱，即行为规则对外可见，而决策规则被隐藏起来，这时候就可能出现决策责任转嫁现象，使得法律问责变得非常困难。

五、数字原生与法律

（一）数字原生概述

数字原生就是由以物理世界为重心向以数字世界为中心迁移的思考问题方式。数字原生的持续改进过程分为图 8.1 所示的三个阶段。

第一个阶段，通过数字应用实现数字世界和物理世界的无障碍交互。该阶段主要是利用互联网、云计算和终端设备，即"云 +

---

① 详见黄春林 / 李天航在 2021 年 1 月 12 日于信息化观察网发表的《数字孪生应用中的主要数据合规问题》一文

网+端",将现实物理世界进行数字化,从而实现物理世界与数字世界的交互与连接,从而实现数字化应用,提升效率。

图 7.1　数字原生持续改进过程

第二个阶段,通过大数据平台实现数据积累和数学模型运行支撑。随着数字应用的链条不断延长,企业需要一个大数据平台来积累应用生成的数据。利用数据进行分析、决策。

第三个阶段,通过数学模型的持续改进来最优化数字世界和物理世界来为人服务。大数据平台在获得了大量的数据后,为了更好地理解用户的需求,就进入了更高阶的数字化战略,即大数据驱动的机器学习和人工智能。

这三个阶段其实也就是在线化(先上网)、数字化(通过大数据平台获取大数据)和智能化(有了大数据后,通过机器学习、深度学习,具备了智能化)。

(二)数字原生涉及的法律问题

数字原生与前述的数字孪生不同,其不是指一项技术,而是指物理世界的数字化、智能化转型。因此,其涉及的法律问题也是多方面的、概括性的问题，许多问题包含在互联网、大数据、云计算（IasS、PasS、SaaS）、物联网、5G、人工智能等自身的相关法律之中。因此，不再一一赘述。

六、算法与法律

（一）算法概述

算法（Algorithm）是指解题方案的准确而完整的描述，是一系列解决问题的清晰指令，算法代表着用系统的方法描述解决问题的策略机制。也就是说，一定规范的输入能在有限时间内获得所要求的输出。如果一个算法有缺陷或不适合某个问题，执行这个算法将不会解决这个问题。不同的算法可能用不同的时间、空间或效率来完成同样的任务。一个算法的优劣可以用空间复杂度与时间复杂度来衡量。算法中的指令描述的是一个计算，当其运行时能从一个初始状态和（可能为空的）初始输入开始，经过一系列有限而清晰定义的状态，最终产生输出并停止于一个状态。一个状态到另一个状态的转移不一定是确定的。随机化算法在内的一些算法，包含了一些随机输入。

一个算法应该具有以下五个重要的特征：一是有穷性（Finiteness），指算法必须能在执行有限个步骤之后终止；二是确切性（Definiteness），算法的每一步骤必须有确切的定义；三是输入项（Input），一个算法有 0 个或多个输入，以刻画运算对象的初始情况，所谓 0 个输入是指算法本身定出了初始条件；四是输出项（Output），一个算法有一个或多个输出，以反映对输入数据加工后的结果,没有输出的算法是毫无意义的;五是可行性(Effectiveness),算法中执行的任何计算步骤都是可以被分解为基本的可执行的操作步骤,即每个计算步骤都可以在有限时间内完成(也称为有效性)。大数据、算力与算法是构成人工智能的三大要素。

算法有两大要素:其一,数据对象的运算和操作:计算机可以执行的基本操作是以指令的形式描述的。一个计算机系统能执行的所有指令的集合,成为该计算机系统的指令系统。其二,算法的控制结构:一个算法的功能结构不仅取决于所选用的操作,而且还与各操作之间的执行顺序有关。

(二)算法涉及的法律问题

如前所述,算法是数智化重要的组成,算法已经影响到商业及社会管理的方方面面。算法作为人工智能和区块链等技术的运行基础和关键所在,针对算法带来的隐忧,我们要进行算法治理并为算法立法,控制好并进一步预防算法带来的风险,首先要考虑的是算法技术主体行为的法律规制问题。具体而言,算法究竟涉及哪些方面的法律问题呢?

第一,法律是否应当介入算法;

第二,关于算法的法律人格问题;

第三,关于算法主体与算法用户问题;

第四,算法黑箱问题;

第五,关于算法侵犯个人隐私问题;

第六,关于算法歧视与偏见;

第七,关于算法交易与算法共谋的规制。

（三）算法治理

算法与算量（数据）、算力共同构成人工智能产业的三要素。但是由于算量与算力具有规模化的特征，因此它们的发展处在先行和基础的位置，目前已经到了亟待补强算法要素的时候了。

凡已经有了管理系统并且能够实现数据留痕的单位，当下核心的工作就是充分实施数据治理，使得数据具有更强的可访问性、可调用性和可防控性，在该基础上根据本单位业务与工作所需要针对的场景（比如银行之风险控制场景、终端服务场景、运营管理场景；零售单位之门店配货场景、高效订货场景、终端与分拨中心对接场景；警务单位之具体案件场景、报案立案出警处置破案场景；税务部门之税额计算、发票管理、税务风险计算、纳税服务问题咨询与回应场景等）形成相应的鉴别、判断、分类、匹配、解析、处置、预测、提示和推荐、搜索与查找等算法，并因此而形成自己专有的算法库，借助于算法的软件化开发，形成具有快速自动分析、提示、决策参照、派单、监测功能的智能脑核，这样的工作称为"算法治理"。算法治理需要分阶段进行，同时需要进行持续的升级；算法治理可以形成相应的算法中心和算法库，从而成为与数据中心匹配对应，并极大地提升数字化治理水平的新层级。当算法治理达到足够强大和充分的程度，则在此基础上所发展的控制实体工作与数字化孪生层面工作的后台机制才能具备，强大的数字化运作生态就正式生成了。

数字化建设的数据智能应用阶段，最终会以智能管理平台、智慧大脑、领导驾驶舱等形态建设数字化管理中枢，有容量更大、运行效率更快、界面更好看的呈现系统；有新系统加上数据治理平台；还有在系统加数据治理的基础上用到了一些典型场景、感知体系和典型任务派发与追踪体系；但是新一代的数字化中枢系统应该更加重视由针对场景提供的系列应用算法建设的数字神经元，并且累积足够数量、提升到足够精度，这样才能获得最终具备真实智商的脑细胞与脑神经元集成——智慧大脑的脑核实体，而非"脑壳＋脸皮"的典型设计。

算法治理也需要治理算法。最近有关部门就网络算法的应用提出了一些限制性规则，尤其重点针对电商算法、新媒体算法中可能涉及的歧视性指令、误导型指令、杀熟型指令等算法应用，有侵犯消费者利益之嫌的算法应用会有违规风险。实施上，由于算法本身就是具有快速高效运作能力的指令集，这些指令集既有受开发者与开发团队能力与经验所限导致的水平的参差，还有与设计者主观相关的考虑而导致是否会有恶意指令置入，甚至还有具有违法犯罪目的的算法成为高智商犯罪中的"新秀"。因此在2016年以来欧美一些国家的立法机构与司法部门都开始出台了一系列治理算法的条款与规定。而在中国，由于在算法技术方面与其他发达国家的智能界存在显著差异，我们既要运用政策力量有力推动算法产业化发展，让算法要素得到快速发展，又要用好的法律手段探索对于不良算法的限制与违规使用算法责任的追究，以寻求二者之间的平衡发展。考虑算法治理本身将会在数字化系统上快速发展，因此无论是对于算法作用模式的监测还是处置，也应充分用好算法技术，发展针对算法发展的监管算法体系，从而使得数字化治理算法成为我国算法应用的特色。

七、中国现行法规对算法的规制

2022年1月4日,国家互联网信息办公室等四部委联合发布《互联网信息服务算法推荐管理规定》(以下简称《规定》),自2022年3月1日起正式施行。《规定》首次对"互联网信息服务算法推荐"在法律法规层面进行明确界定,全方位呼应《网络信息内容生态治理规定》《互联网信息服务管理规定》《中华人民共和国未成年人保护法》《国务院反垄断委员会关于平台经济领域的反垄断指南》等现有规定,从保障用户权益、内部机制建构、外部监管要求三方面赋予企业多重合规义务。

《规定》第二条明确,"在中华人民共和国境内应用算法推荐技术提供互联网信息服务(以下简称"算法推荐服务"),适用本规定。法律、行政法规另有规定的,依照其规定。前款所称应用算法推荐技术,是指利用生成合成类、个性化推送类、排序精选类、检索过滤类、调度决策类等算法技术向用户提供信息"。由此可知,《规定》的适用对象应满足三要素,即"提供互联网信息服务"、"应用算法推荐技术"以及"向用户提供"。《规定》适用对象覆盖范围较广,除了为人熟知的平台经济领域运营者、互联网信息内容生产传播者等大型互联网公司,涉及使用算法处理大量个人信息的企业也可能落入《规定》规制的范畴之内。

八、物联网与法律

(一) 物联网技术概述

物联网（Internet of Things，简称 IoT）即"万物相连的互联网"，是在互联网基础上的延伸和扩展，将各种信息传感设备与网络结合起来而形成的一个巨大网络，实现任何时间、任何地点，人、机、物的互联互通。其通过信息传感器、射频识别技术、全球定位系统、红外感应器、激光扫描器等各种装置与技术，实时采集任何需要监控、连接、互动的物体或过程，采集其声、光、热、电、力学、化学、生物、位置等各种需要的信息，通过各类可能的网络接入，实现物与物、物与人的泛在连接，实现对物品和过程的智能化感知、识别和管理。物联网是一个基于互联网、传统电信网等的信息承载体，它让所有能够被独立寻址的普通物理对象形成互联互通的网络。

物联网的基本特征从通信对象和过程来看，物与物、人与物之间的信息交互是物联网的核心。物联网的基本特征可概括为：整体感知、可靠传输和智能处理。其具有：获取信息的功能、传送信息的功能、处理信息的功能及施效信息的功能。

物联网的关键技术有：射频识别技术、传感网、M2M（机器与机器）系统框架、云计算等技术。物联网的应用领域涉及方方面面，在工业、农业、环境、交通、物流、安保等基础设施领域的应用，有效地推动了这些方面的智能化发展，使得有限的资源得到更加合理的使用分配，从而提高了行业效率、效益。在家居、医疗健康、教育、金融与服务业、旅游业等与生活息息相关领域的应用，从服务范围、服务方式到服务的质量等方面都有了极大的改进，大大地提高了人们的生活质量；在国防军事领域方面，物联网技术的嵌入能有效提升军事智能化、信息化、精准化水平，是未来军事变革的关键。

(二) 物联网技术涉及的法律问题

物联网技术是元宇宙工具箱技术组成之一，涉及如下几方面法律问题。

第一，数据保护法律问题。

第二，数据主权法律问题。

第三，产品责任法律问题。

第四，信息安全保护问题。

第五，物联网行业标准化和规范化的法律需求问题。

第六，物联网应用终端多元化所衍生出的复合性法律问题。

九、脑机接口与法律

(一) 脑机接口技术概述

脑机接口，有时也称作"大脑端口"（direct neural interface）或者"脑机融合感知"（brain-machine interface），它是在人或动物脑（或者脑细胞的培养物）与外部设备间建立的直接连接通路。在单向脑机接口的情况下，计算机要么接受脑传来的命令，要么发送信号到脑（例如视频重建），但不能同时发送和接收信号；而双向脑机接口允许脑和外部设备间的双向信息交换。

在该定义中,"脑"一词意指有机生命形式的脑或神经系统,而并非仅仅是"脑(mind)"。"机"意指任何处理或计算的设备,其形式可以从简单电路到硅芯片。对脑机接口的研究已持续了超过40年。20世纪90年代中期以来,从实验中获得的此类知识显著增长。在多年来动物实验的实践基础上,应用于人体的早期植入设备被设计及制造出来,用于恢复损伤的听觉、视觉和肢体运动能力。研究的主线是大脑不同寻常的皮层可塑性,它与脑机接口相适应,可以像自然肢体那样控制植入的假肢。在当前所取得的技术与知识的进展之下,脑机接口研究的先驱者可令人信服地尝试制造出增强人体功能的脑机接口,而不仅仅止于恢复人体的功能。这种技术在以前还只存在于科幻小说之中。

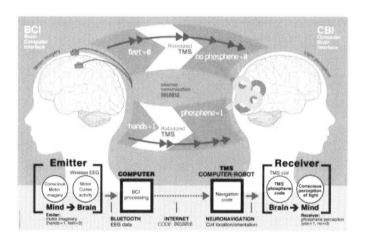

图 8.2　脑机接口

脑机接口和神经修复的区别为:"神经修复"通常指临床上使用的装置,而许多现有的脑机接口仍然是实验性质的。从实践上讲,神经假体可以和神经系统的任意部分相连接,如外周神经系统；而"脑机接口"通常指一类范围更窄的直接与脑相连接的系统。由于目标和实现手段的相似性，"神经修复"和"脑机接口"两术语经常可以通用。神经修复和脑机接口尝试达到一个共同的目标，如恢复视觉、听觉、运动能力，甚至是认知的能力。两者都使用类似的实验方法和外科手术技术。

（二）脑机接口技术涉及的法律问题

脑机接口技术若出于非医疗目的而在健康人群身上开展选择性手术，将使我们面临法律和道德的双重考验。引发如下有关法律问题。

第一，法律监管问题。

脑机接口本质上是一种交流通信系统，目前尚缺乏相关监管措施。无论你在隐私和监视问题中扮演何种角色，政府、广告商、保险公司和市场营销人员都难免会利用这一技术进入我们的头脑深处，阻止犯罪或售卖商品。未来该技术会不会得到高度普及，会不会所有人在出生时都被强制植入全脑接口，以打击犯罪或不道德行为呢？

第二，法律保护问题。

"智能"便意味着"可趁之机"。无论是你的冰箱、电视，还是、汽车，甚至胰岛素注射泵，一旦你将一件物品与另一件物品相连，就增加了它们受到侵害的可能性。这些物品就像大门一样，不在乎从门下走过的是谁，因此若在大脑中安了这样一扇"门"，便会引发严重的安全问题。当你的思想与他人相连时，黑客入侵简直轻而易举。这是否预示着"认知法"的出台呢？该法律是否能保护你的大脑呢?

第三,侵权责任及刑事犯罪问题。

如若大脑被制造商操控,或者被黑客攻入,在此情况下大脑会失去自我认知辨识及控制行为能力,侵害他人,那么该侵权行为的侵权责任或者刑事犯罪法律责任如何承担呢?

十、人脸识别与法律

(一)人脸识别技术概述

人脸识别是基于人的脸部特征信息进行身份识别的一种生物识别技术。用摄像机或摄像头采集含有人脸的图像或视频流,并自动在图像中检测和跟踪人脸,进而对检测到的人脸进行脸部识别的一系列相关技术,通常也叫作"人像识别"或"面部识别"。

人脸识别系统的研究始于20世纪60年代,20世纪80年代后随着计算机技术和光学成像技术的发展得以深入,而真正进入初级的应用阶段则在20世纪90年代后期,并且以美国、德国和日本的技术实现为主;人脸识别系统成功的关键在于是否拥有尖端的核心算法,并使识别结果具有实用化的识别率和识别速度;"人脸识别系统"集成了人工智能、机器识别、机器学习、模型理论、专家系统、视频图像处理等多种专业技术,同时需结合中间值处理的理论与实现,是生物特征识别的最新应用,其核心技术的实现展现了弱人工智能向强人工智能的转化。

传统的人脸识别技术主要是基于可见光图像的人脸识别,这也是人们熟悉的识别方式,已有30多年的研发历史。但这种方式有着难以克服的缺陷，尤其在环境光照发生变化时，识别效果会急剧下降，无法满足实际系统的需要。解决光照问题的方案有三维图像人脸识别和热成像人脸识别。但这两种技术还远不成熟，识别效果不尽如人意。

迅速发展起来的一种解决方案是基于主动近红外图像的多光源人脸识别技术。它可以克服光线变化的影响，已经拥有了卓越的识别性能，在精度、稳定性和速度方面的整体系统性能超过三维图像人脸识别，这项技术在近两三年发展迅速，使人脸识别技术逐渐走向实用化。

人脸与人体的其他生物特征（指纹、虹膜等）一样与生俱来，它的唯一性和不易被复制的良好特性为身份鉴别提供了必要的前提，与其他类型的生物识别相比，人脸识别具有如下特点：非强制性：用户不需要专门配合人脸采集设备，几乎可以在无意识的状态下就可获取人脸图像，这样的获取方式没有"强制性"；非接触性：用户不需要和设备直接接触就能获取人脸图像；并发性：在实际应用场景下可以进行多个人脸的分拣、判断及识别；除此之外，还符合视觉特性："以貌识人"的特性，以及操作简单、结果直观、隐蔽性好等特点。

人脸识别系统主要包括四个组成部分，分别为人脸图像采集及检测、人脸图像预处理、人脸图像特征提取以及匹配与识别。一般来说，人脸识别系统包括图像摄取、人脸定位、图像预处理，以及人脸识别（身份确认或者身份查找）。系统输入一般是一张或者一系列含有未确定身份的人脸图像，以及人脸数据库中的若干已知身份的人脸图像或者相应的编码，而其输出则是一系列相似度得分，表明待识别的人脸的身份。

人脸识别算法分类如下：一是基于人脸特征点的识别算法；二是基于整幅人脸图像的识别算法；三是基于模板的识别算法；四是利用神经网络进行识别的算法。

人脸识别技术也将成为元宇宙技术矩阵中的成员之一。在虚实交互、进行数字身份认证时，人脸识别是一个很好的技术。人脸识别技术在公共安全、金融、教育等多个领域表现出不错的应用前景。特别是在公共安全领域，涉及公安业务方面的图侦、大数据分析，借助人脸识别实现犯罪嫌疑人识别、抓捕；在交通领域，基于交通参与者人脸的识别，捕获交通违法行为；在商业楼宇中利用人脸识别技术可以对出入口实现实时监控等。与此同时，人脸识别技术正在深度结合行业应用，在金融支付领域、物流领域也实现了大跨步的落地应用。以线下支付为例，支付宝、微信纷纷推出刷脸支付功能，目前已经在全国多个城市落地，同时支付宝投入30亿元以激励商户使用刷脸支付。

（二）人脸识别技术涉及的法律问题

第一，关于个人隐私保护问题。

该问题主要涉及政府公权力对个人隐私的肆意侵犯以及有关平台和商家对个人隐私非法使用及泄露两大方面。首先，人们担心人脸识别技术是否将会为政府提供前所未有的权力来跟踪人们的日常生活，侵犯人们的隐私；其次，一些经营商家及互联网平台，比如酒店、车站、航空、刷脸支付应用、电商平台等将获得的人脸识别数据信息进行滥用或泄露，损害个人隐私。

第二，关于人脸识别涉及的刑事犯罪风险问题。

人脸识别技术尚不成熟，曾有人利用等比例的彩色照片等简单的操作，便可以通过菜鸟驿站"刷脸取快递"的功能取得他人的快递，如果这种技术漏洞被人加以利用，甚至可能盗取他人财产。而且人脸特征信息为高敏感性信息，且人脸信息易于读取，存在人脸信息泄露的高风险。若有不法人员企图通过不法手段获取这些信息并加以利用，其后果不堪设想。人脸识别技术本是用来验证"你是否真的是你所说的你"，在远程控制交易或者进行身份确认的情形下，确认一个行为是由本人亲自实施的，是解决电子支付、网络交易、网络申请公共服务等身份安全问题，至今最有效的技术措施。但是，一旦人脸信息这种易获取的"生物密码"丢失或者被人随意更换，或者他人通过人脸识别技术可以真实地冒充自己，那么利用人脸识别技术验证真实身份，则成妄言。

第三，关于人脸识别技术涉及的信息安全问题。

人脸特征具有终身唯一且无法改变的特点，人们可以频繁更换密码，但很难通过频繁"换脸"来保证账户的安全性。一旦发生人脸信息泄露的情况，不仅会泄露隐私，更会给自己的人身和财产带来安全风险。一旦他人有了跟你面部特征相同的数据，他戴上高清3D面具，配合系统指令做出相应动作，就可以实施各种欺诈，具有较大的社会危害性。

第四，关于权利保护问题。

对于人脸识别技术而言，理论上存在两种保护个人权利的路径：一是个人肖像权保护；二是个人信息保护。2021年6月8日，最高人民法院发布《最高人民法院关于审理使用人脸识别技术处理个人信息相关民事案件适用法律若干问题的规定》(法释〔2021〕15号,以下简称《规定》)。《规定》共16条,对人脸识别技术处理个人信息相关侵权责任、合同规则以及诉讼程序等方面进行了规范。

十一、隐私计算与法律

(一)隐私计算技术概述

隐私计算(Privacy Computing)是指在保护数据本身不对外泄露的前提下实现数据分析计算的技术集合,达到对数据"可用、不可见"的目的;在充分保护数据和隐私安全的前提下,实现数据价值的转化和释放。隐私计算是面向隐私信息全生命周期保护的计算理论和方法,是隐私信息的所有权、管理权和使用权分离时隐私度量、隐私泄露代价、隐私保护与隐私分析复杂性的可计算模型与公理化系统。

从技术角度出发,隐私计算是涵盖众多学科的交叉融合技术,目前主流的隐私计算技术主要分为四大方向:第一类是以多方安全计算为代表的基于密码学的隐私计算技术;第二类是以联邦学习为代表的人工智能与隐私保护技术融合衍生的隐私计算技术;第三类是以可信执行环境为代表的基于可信硬件的隐私计算技术。第四类以多方中介计算为代表的隐私计算技术。多方中介计算是指多方数据在独立于数据方和用户的受监管中介计算环境内,通过安全可信的机制实现分析计算和匿名化结果输出的数据处理方式,是一个计算管理系统。

隐私计算的技术特点为在处理视频、音频、图像、图形、文字、数值、泛在网络行为性信息流等信息时，对所涉及的隐私信息进行描述、度量、评价和融合等操作，形成一套符号化、公式化且具有量化评价标准的隐私计算理论、算法及应用技术，支持多系统融合的隐私信息保护。隐私计算涵盖了信息搜集者、发布者和使用者在信息产生、感知、发布、传播、存储、处理、使用、销毁等全生命周期过程的所有计算操作，并包含支持海量用户、高并发、高效能隐私保护的系统设计理论与架构。

与传统数据使用方式相比，隐私计算的加密机制能够增强对于数据的保护、降低数据泄露风险。因此，包括欧盟在内的部分国家和地区将其视为"数据最小化"的一种实现方式。同时，保障传统数据安全的手段，比如数据脱敏或匿名化处理，都要以牺牲部分数据维度为代价，导致数据信息无法有效被利用，而隐私计算则提供了另一种解决思路，在保证安全的前提下尽可能使数据价值最大化。

笔者认为，隐私计算若与区块链结合，则主要解决了三大痛点：一是信息及隐私泄露问题；二是数据共享的激励问题；三是数据共享的共赢问题。

（二）隐私计算技术涉及的法律问题

对于隐私计算的法律与合规问题，业界先后发布了《隐私计算的法律合规白皮书》、《隐私计算白皮书2021》（2021年4月，腾讯公司发布）、《隐私计算法律与合规白皮书》（2022年1月，中国信通院云计算与大数据研究所联合蚂蚁集团等多家厂商和律师事务所共同发布），对隐私计算法律合规问题提出了初步的设想与建议。

那么，隐私计算涉及哪些法律合规问题呢？

第一，隐私计算的合规问题。

第二，隐私计算涉及的几个法律原则。

第三，《个人信息保护法》视角下的隐私计算合规问题。

十二、区块链与法律

（一）区块链技术概述

笔者认为，元宇宙有两大类核心技术，一是解决虚实交互、数字孪生的技术，该类技术解决的是沉浸感问题，这是区别于3D及一般游戏的核心，解决的是进入元宇宙内，有身临其境现场感与沉浸感的问题。该类技术核心有XR、脑机接口技术、算力技术、数字孪生、物联网技术等感知与交互技术。二是构建元宇宙生态系统、治理规则、经济系统的技术，这个技术就是区块链技术。元宇宙原本是一系列前沿技术的组合，而区块链也是各种技术组合，集合了密码学、分布式技术、零知识证明、智能合约等技术。

如果缺乏了感知技术，就摸不着元宇宙的大门，进入不了元宇宙，也无法构建一个元宇宙。但是，如果缺乏了区块链技术，元宇宙则沦为加强版的游戏而已，难以产生更大的价值。这两项技术，前者解决生产力问题，后者解决生产关系问题。由此可见，区块链技术尤为重要。那么，究竟什么是区块链呢？

区块链，是比特币的一个重要概念，它本质上是一个去中心化的数据库，同时作为比特币的底层技术，是一串使用密码学方法相关联产生的数据块，每一个数据块中都包含了一批次比特币网络交易的信息，用于验证其信息的有效性（防伪）和生成下一个区块。总体看来，区块链涉及四大技术，分别是分布式账本技术、数据库技术、共识技术与非对称加密算法。由此看来，区块链是一系列技术的组合体，具有四大特点：去中心化、去信任化、匿名化、安全可靠。

从科技层面来看，区块链涉及数学、密码学、互联网和计算机编程等很多科学技术问题。从应用视角来看，简单来说，区块链是一个分布式的共享账本和数据库，具有去中心化、不可篡改、全程留痕、可以追溯、集体维护、公开透明等特点。这些特点保证了区块链的"诚实"与"透明"，为区块链创造信任奠定基础。而区块链丰富的应用场景，基本上都基于区块链能够解决信息不对称问题，实现多个主体之间的协作信任与一致行动。

区块链是分布式数据存储、点对点传输、共识机制、加密算法等计算机技术的新型应用模式。

（二）区块链技术涉及的法律问题

区块链技术的发展需沿着规范化的轨道进行，当务之急，我们要建立适用于区块链技术规范化发展的安全保障机制，严格落实安全责任，完善区块链技术领域的法律法规。将区块链技术发展纳入"依法治网"体系之中，形成严密的监管体系。从政府角度来看，则应跟踪其发展动态，对存在的风险进行监控，探索有益于防范区块链技术风险的管理机制。在制度方面，要加强对区块链技术开发者、管理者、使用者等的监管，增强行业自律。区块链可能涉及的法律问题如下。

第一,去中心化涉及的法律适用及司法管辖问题。因为去中心化的分布式结构,使得区块链节点可能分布在全球各地,跨越不同法律区域。这就给区块链有关的法律适用及司法管辖带来难题。

第二,匿名化与网络实名制问题。区块链技术本身的匿名化与网络监管的实名制存在冲突,这就需要在二者之间寻求平衡。

第三,可靠性与删除权问题。区块链技术的涉及导致其删除数据需要达成共识,这就给个人信息删除权及政府监管删除带来障碍,二者如何协调成了重要的法律问题。

第四,透明化与个人数据保护问题。区块链技术采取的全网信息透明,但隐名交易主体者带来两个问题,一是商业应用中商业秘密的泄露问题。二是由于隐名,交易主体身份如何确定,与现实法律存在冲突。

第五,智能合约问题。区块链智能合约的法律效力,与现实合同法的关系。

第六,区块链代币经济系统的法律问题。区块链代币是该经济系统重要环节,没有代币,区块链生态难以形成闭环,也缺乏激励机制。如果允许代币存在,又涉及融资或发行证券问题,如何解决是个问题。

第七,公链的监管问题。公链是与联盟链、私有链相对的概念,从另一个角度来说是非许可链。公链监管涉及四个主要问题,其一,区块链监管,到底在监管谁?即监管对象是谁?其二,监管靴子要落地,哪些环节应该被严厉监管?其三,区块链监管能否兼容传统的法律政策框架?其四,公链、数字货币监管的破局之道在哪里?

第八章　元宇宙生态与法律

一、NFT 与法律

（一）NFT 概述

NFT 是元宇宙经济系统中最重要的工具。就目前发展来看，真正的元宇宙离我们还很遥远，但是 NFT 与数字虚拟人已经来了。NFT 是创作经济的基石，没有了 NFT 就没有元宇宙的经济系统。NFT 的全称是 Non-Fungible Token，中文常翻译为"非同质化代币/不可替代代币"。与之对应的是 FT（即同质化代币）。简单地说，NFT 是区块链的一个条目，而区块链是类似于比特币等加密货币的去中心化数字账本技术。NFT 不可替代的特性，意味着可以用它来代表独一无二的东西，比如博物馆里的《蒙娜丽莎》原作，或者一块土地的所有权。虽然比特币（BTC）、以太币（ETH）等主流加密资产也被记录在区块链中，但 NFT 和它们不同的地方在于任何一枚 NFT 代币都是不可替代且不可分割的。NFT 是数字世界中"独一无二"的资产，它可以被买卖、被用来代表现实世界中的一些商品，但它存在的方式是无形的。

从创意与内容维度看，NFT 与版权及其邻接权相关。在元宇宙系统中，如何实现元宇宙居民消费即生产、生产即消费，参与即价值，玩耍娱乐即赚钱，边玩边赚钱？现实世界与数字世界价值系统如何实现对接与融合？未来机器人时代下大量"失业"人群如何实现迁移与新的价值创造？创意与创作、娱乐、社交、分享等很可能是一种很好的方式，也是元宇宙的吸引力及价值所在。而元宇宙内的创意与创作、游戏、娱乐、社交、分享等与共识机制、经济系统有关，更与 NFT 有关，NFT 是经济系统的基石，而经济系统则是元宇宙生态的重要组成。因此，NFT 是元宇宙生态的基因，是最重要的载体与工具之一。

区块链是元宇宙系统中最重要的技术，在区块链技术应用中，NFT 正以其连通"链上与链下"资产的新颖特质和应用形态而崛起。伴随 NFT 市场规模的逐步扩大，应用场景、生态的不断丰富，一个新兴信任价值体系或将惊艳整个数字经济领域。元宇宙的生态及生机大部分与内容有关，而 NFT 为此提供了重要的载体与价值工具。未来 NFT 对应的元宇宙会有大量文艺活动以及文艺产品，因此，NFT 是元宇宙的重要拼图。NFT 合规性是元宇宙众多法律问题中最复杂、最重要的问题，是元宇宙得以健康发展的前提与基础。

NFT 与游戏的结合使得"元宇宙"概念有了落地的可能。元宇宙是一个与现实世界平行的虚拟世界，我们可以通过互联网和兼容的硬件设备自由访问，并在其中进行互动，就像科幻电影《头号玩家》中描绘的一样。借助 NFT，可以实现元宇宙中的虚拟资产、虚拟身份的确权和交易，通过去中心化的方式保障用户虚拟资产、虚拟身份安全，实现元宇宙中的价值交换，整个流转系统也可以用透明的方式执行，使得元宇宙真正运转起来。因此，可以说，NFT 是初露峥嵘的区块链应用，是元宇宙的重要支柱，是元宇宙的基因和基础服务。

(二)NFT 涉及的法律问题

NFT 涉及的法律问题较为庞杂，比如 NFT 的属性是代币还是证券，NFT 权属、NFT 发行涉及的问题，NFT 权属性质，NFT 交易问题，NFT 原始内容的合规性问题等。因此，在元宇宙生态视角下探讨与 NFT 有关的问题，就必须首先探究 NFT 自身涉及的法律、监管及合规应对等问题。

基于数字化、密码学、区块链等技术构建的 NFT，其应用场景可能越来越多，因此可能将被用来代表越来越大的权利或权益，不同应用场景的 NFT 涉及的法律问题并不完全相同，不能一概而论，需要结合具体应用来进行分析和定性。本章仅以艺术品 NFT 为例来探究相关法律问题。

如前所述，NFT 是元宇宙的基因，在元宇宙中对整个虚拟经济活动起着关键的作用，也是连接现实世界真实的物与数字世界虚拟资产的重要载体。基于 NFT 的过程，目前可以将 NFT 分为两类：一类是基于现实世界存在的真实的物，比如，艺术品、物体、人物肖像、票据等内容或物，将其上链铸造成的 NFT 数字产品；一类是直接在线创造并形成的 NFT，不直接与现实世界已存在的权益物品关联，比如，在线创造的艺术品、卡通形象、游戏数字内容作品等。因此，NFT 涉及的法律关系可能存在于现实与数字两个世界。

其一是现实世界视角下 NFT 的法律关系。在 NFT 的场景中，涉及现实世界的实物资产、艺术品、票证、人物肖像、著作权等客观存在的物品，这些现实世界的物品是创建 NFT 的源泉与基础，也就是物品上链铸造、形成 NFT 的过程，那么这个过程中涉及这些物品的所有权、知识产权等法律问题，而铸造、发行及销售 NFT 的相关主体也存在于现实世界之中，这就产生了 NFT 在现实世界中的法律关系、监管与合规问题。这主要涉及上链之前（NFT 创建之前）的原始权利（物权、知识产权及其他权利）和 NFT 相关参与者的合法合规性（权利与义务）两方面。

其二是数字世界中 NFT 可能涉及的法律问题，即作为元宇宙基因的 NFT 在元宇宙生态系统中，与元宇宙系统内各个参与者发生的法律关系，包括元宇宙的治理体系、元宇宙的共识机制，元宇宙内 NFT 的创建与分配、流通，权益纷争等。

不仅与现实世界产生关联的 NFT 会涉及上述两大类法律关系，直接在线形成的 NFT 也会涉及上述两大法律关系。但相对而言，直接在线形成的 NFT 不涉及现实世界原有权益的链接，涉及参与的主体较少，法律关系比较容易确定，产生的分歧不大。

NFT 可能遭遇的第二类法律关系，将随着元宇宙生态的成熟逐渐被认识和构建，法律规则总是落后于现实，不可能超越现实，凭借想象力去构建。即便可以构建在预测之上，但创建这个法律规则的思维也还是依据现实世界里的法律、监管与秩序思维，无法超越与突破。因此，本章主要讨论的还是 NFT 涉及的第一类法律关系，即在现实世界视角下，去认识 NFT 可能存在的几个法律问题。

基于现实世界成熟的法律规则与法律思维，去看待 NFT 法律问题，就需要理解 NFT 的本质，通过对它的本质，分析其整个流程或生命周期中涉及的法律关系。就 NFT 本质而言，其主要还是利用了区块链技术的不可篡改、可追溯等可信属性，铸造出一种非同质化代币。使其具有唯一性、稀有性特点。不管是现实世界所有的艺品、图书、文字、音乐或影像等以各种形式存在的真实物品，还是存在于数字世界中的数字化收藏品与线上游戏，都可以通过NFT的特殊认证方式来验证其唯一性与稀有价值。

（三）关于NFT可能面临的法律争议及风险

在第二节里我们讨论了NFT涉及的法律问题，我们已经了解到在NFT的选材、铸造、发行、交易、流通、行权等过程或交易环节中，涉及多个参与主体，它们在这些环节中，可能发生复杂的法律关系。这些复杂的法律关系还需要具体结合NFT的应用场景及其代表的权利或权益来界定，NFT本身是一种元宇宙生态内的重要基础性技术架构，与现实发生的关联，取决于交易主体的授权和约定。本节我们接着讨论NFT所面临的法律风险问题。

法律风险一：知识产权侵权风险。

将艺术品铸造成NFT，发行人、铸造人需要经艺术品著作权人授权许可，至少有两种权利必须取得许可，即著作权法规定的复制权、网络传播权。只有获得复制权，才可以合法地进行数字化复制，只有获得网络传播权，才可以让上链形成NFT并进行交易。因此，获得"复制权 | 信网权"，是NFT的权利来源基础保障。

如果未经著作权人许可，擅自将其作品铸造成NFT发行和交易，则构成对著作权人的侵权。著作权人有权追究相关侵权人的责任，比如发行人、铸造人、交易平台，乃至购买人。

此外，如果被许可方超出了授权许可范围，使用了著作权人其他权利，同样也构成侵权。模仿、剽窃他人的NFT作品，也属于侵权。

法律风险二：交易法律风险。

从上文介绍中我们得知，NFT 权利或权益大小取决于交易规则及交易双方的约定，但当下对 NFT 的大肆炒作，导致各方参与主体均忽略了相关法律风险，在实践中经常会出现如下几类纠纷或风险。

第一类，交易标的定义纠纷。作为交易标的的 NFT，其价值取决于其稀缺性以及对应的权益，如果交易各方对交易标的内涵的理解产生分歧，就会引发争议。如果交易规则不清晰，就容易产生歧义；交易双方约定不明，或因一方隐瞒重大事实或欺诈，则会影响该交易的确定性。

第二类，交易标的交付风险。NFT 在交易平台被出售后，售卖方负有交付义务。如果交付的 NFT 与交易规则或双方约定不一致，存在瑕疵，则构成交付违约。若因技术原因导致不能交付，则需承担不能交付的违约责任。

第三类，交易标的行权风险。NFT 是一种权利凭证，购买方依据交易规则或交易约定行使权利时，如果发现所行使的权利不符合约定和规则，则可以追究违约方的责任。

第四类，欺诈行为。如果发行方故意隐瞒重大信息，或虚构重要信息，使得购买人因此而购买了 NFT 产品，则该行为属于欺诈销售行为，受害方有权追究其违约责任，并可以要求惩罚性赔偿。

第五类，电子商务销售的犹豫期及三包。购买方在犹豫期内，可以无理由退货，销售方负有此义务。此外，过了犹豫期，销售方负有法定的三包义务：包修、包退、包换。

法律风险三：交易平台的法律风险。

我们认为，作为在 NFT 流转过程中的重要媒介，交易平台承担了多种角色与职责，可能存在如下九项法律风险。

第一项，交易平台的网络安全法律风险。

第二项，交易平台的数据法律风险。

第三项，交易平台的审核义务。交易平台应当对销售方、经营方、交易标的重要信息、权利来源和 NFT 产品等进行核查并配合有关主管部门进行行政管理。

第四项，交易平台的拍卖法律风险。若采取拍卖方式出售 NFT，则平台还应遵守《中华人民共和国拍卖法》的规定，否则，将承担该法下的法律责任。

第五项，交易平台之宣发风险。交易平台在推广销售过程中，不得虚假宣传，不得违反公募的有关规定。

第六项，交易平台之交易规则。交易平台的规则与交易合同都是重要的法律文件，交易平台负有制定交易规则，提示交易双方，尤其是购买方规避风险的法律义务。否则，交易平台可能要承担相应的法律责任。

第七项，交易平台的知识产权法律风险。交易平台应当对 NFT 权属、权利来源等涉及的知识产权进行核查，建立严格的知识产权保护机制，以免销售侵犯他人知识产权的 NFT。同时，根据"避风港"原则，针对权利人的投诉，应当及时核查，并采取相应的消除措施。否则，交易平台将可能承担连带的知识产权侵权责任。

第八项，交易平台管理职责风险。交易平台应做好用户身份信息管理、用户信息内容管理、交易数据和信息的管理，做好经营者或出售方/发行方的资质审核与认证，以保障有关各方的权益，并积极配合有关行政部门的管理。

第九项，交易平台之合同义务。作为买卖双方之间的纽带与桥梁，交易平台必然也参与交易，因此实际上与交易双方也产生相应的合同法律关系。交易平台应当严格遵守合同义务。

（四）关于 NFT 涉及的中国法律监管问题

国内 NFT 应用项目目前处于探索和初创阶段，主要集中在大型互联网企业中，如腾讯、阿里巴巴、网易等，具体而言：（1）腾讯"幻核"，目前主要发售艺术家联名数字艺术品；（2）蚂蚁链，支付宝"粉丝粒"小程序中限量发售"敦煌飞天"和"刺客伍六七"的皮肤 NFT；阿里拍卖平台与新版链共同建设的"区块链数字版权资产交易"频道全国上线并开始预展，主要为文学、游戏、动漫、音乐、美术等著作权人提供数字作品版权资产确权认证、上链交易，版权资产凭证合法持有人将拥有数字作品除署名权以外的全部权利；阿里拍卖上线"光笺"NFT 数字收藏产品展示平台，采用树图区块链，主要提供 NFT 存证和展示服务；（3）网易文创旗下三三工作室发行了 NFT 作品——小羊驼三三纪念金币，全球限量 333 枚，每枚售价 133 元，用户可通过注册基于 Nervos CKB（Nervos 指开源的公链生态系统和协议集合，CKB 是 Nervos 生态系统中的最底层）的 NFT 平台"秘宝"接收 NFT。网易授权澳洲 NFT 发行商 MetaList Lab 工作室发行游戏《永劫无间》IP 的系列盲盒，于币安 NFT 市场上线。

据有关网络媒体报道，2021 年 10 月，监管部门加强了对中国互联网企业发行 NFT 以及建立 NFT 平台的监管力度。目前包括腾讯"幻核"、阿里巴巴（蚂蚁链）等企业都已完全删去"NFT"字样，改为"数字藏品"。腾讯"幻核"对媒体称："腾讯'幻核'一直致力于在合规框架下落地数字收藏品业务，'幻核'平台中的数字藏品业务采用了用户全流程实名、内容全链路审查，且不开放用户间的数字产品转移，坚决抵制与虚拟货币相关的违法违规行为。'幻核'数字藏品的业务逻辑与海外不受监管的NFT业务的内在逻辑和外延完全不同，因此本次更名也是再一次向公众表达我们业务在合规方面的高标准和严要求。"

那么，在中国现有法律体系及监管环境下，NFT面临着哪些可能的法律监管风险呢？相关主体在艺术作品全生命周期里可能产生多种法律关系及复杂的法律问题。虽然每一个环节都涉及法律问题，但并非每一个环节都需要监管，可能的监管主要包括NFT发行监管、NFT不同界定下的监管、NFT交易平台涉及的监管、NFT可能涉及的网络安全及数据监管、NFT涉及的金融秩序监管以及其他监管。

（五）概述欧美对NFT的监管态度

第一，美国对NFT的监管态度。

2021年3月，美国证券交易委员会（SEC）委员有"加密之母"之称的Hester Peirce向发行者发出了严厉警告，称分割后的NFT可能会被归类为证券。在证券型通证峰会（Security Token Summit）上，行业参与者给出了他们对证券型通证行业最新发展的想法。Peirce在会中表示："最好不要创建投资产品，那将被归类为证券，并被涵盖在证券法的监管之下。"这与其此前批评豪威测试（Howey

Test）的观点相一致，后者用于测试资产是否为证券。Pierce 称，豪威测试的逻辑既不能很好地适用于数字资产，也不适用于实物资产。

目前，美国对比特币、以太坊等主流虚拟货币还是持积极的态度，已先后审批了多只有关比特币的以太坊指数基金（交易型开放式指数基金）。而提供比特币等主流虚拟货币交易的美国交易所 Coinbase 的上市，也足以证明美国对此行业的宽容。因此，相对于比特币等加密货币，NTF 涉及的法律监管应更为宽松和宽容。

第二，欧洲对 NFT 的监管态度。

目前，相对于美国，欧洲对加密货币的态度稍微严格一些，但相比亚洲国家，还是宽松一些。和亚洲的较为明确的监管态度不同，欧洲对加密货币市场的监管态度较为缓和，目前还未出台较为明确的禁令，部分国家持肯定态度，乌克兰修订后的虚拟资产法案草案将虚拟资产视为公民合法持有的有价值的无形资产。还有部分国家仍在观望，丹麦最大的银行 Danske Bank 表示将会对加密货币交易保持关注，挪威政府提醒消费者注意加密货币的骗局，英国和西班牙计划推出本国的 CBDC（央行数字货币）。虽然欧洲也未直接针对 NFT 出台有关监管政策或表态，但从其对加密货币的监管态度来看，对 NFT 的监管肯定较为宽松。

第三，韩国对 NFT 的监管态度。

韩国金融监管机构关注这样一个事实，即 FATF（金融行动特别工作组）认为 NFT 是"独一无二的，而不是可互换的"。只要 NFT 被用作"资产"，就不再是虚拟资产，并且不受该组织的加密货币监管框架的约束。韩国专家认为，NFT 价格可以被操纵且 NFT 可以用于洗钱，并且由于它们不被视为虚拟资产，因此发行人无须履行反洗钱义务。尽管监管不明确，但 NFT 行业正在韩国蓬勃发展。该国在 2021 年 9 月份对加密货币交易所实施了严格的注册框架，这种情况促使巨头币安（全球最大的加密货币交易平台）决定停止提供交易服务。

二、DeFi 与法律

（一）DeFi 概述

DeFi，是 Decentralized Finance（分布式金融或去中心化金融）一词的缩写，通常指基于以太坊的数字资产和金融智能合约，协议以及分布式应用程序（DApps）。简单来说，它是建立在区块链上的金融软件。DeFi 可以不通过央行，因为它有自己的数字货币，比特币、以太坊、EOS（商用分布式区块链操作系统）、USDT、USDC（加密稳定币）都可以作为底层的支付手段；DeFi 有智能合约，在以太坊中，代码即法律，所以不需要法务和法官。只要有智能合约，就可以判断哪个合约可以执行；也不需要合同，只需要把智能合约写好，到期就自动执行，没有合同纠纷；因为是建立在区块链上，合约不会被篡改，所以合同不需要放在公证处和保险箱里保管；所有的交易都可以被追溯，透明且公平；DeFi 天生是无国界而且去中介的。DeFi 的这些特点能弥补中心化金融的缺点。比如中心化金融很难普惠，它的交易成本非常高，交易复杂，速度也慢，而且有银行、交易所、券商、会计师、律师等中介，都是要收服务费的[1]。

---

[1] 参见凯龙的后浪财经于 2020 年 8 月 31 日发布的《DeFi 从入门到精通》一文。

第八章 元宇宙生态与法律

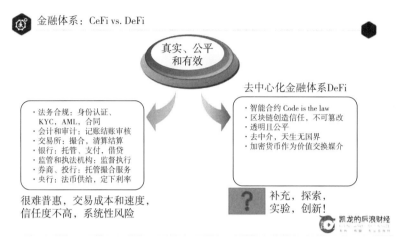

图 8.1 中心化金融与分布式金融的对比图

DeFi 做普惠金融的好处：其一，准入门槛很低，只要有手机，连上互联网就可以借贷、支付、做衍生品及买保险。其二，可靠，都写进代码中。其三，透明、公开、开放，DeFi 的对手盘哪怕是投行，也是平等地位，没有谁能占据优势，没有信息、地位优势，费率更低，效率更快，这在传统金融中是做不到的。其四，无对手风险。P2P 借贷中，如果借款人违约，只能靠 P2P 公司去追债，如果 P2P 公司跑路了，借款人不还钱了，这笔钱就没了。DeFi 中，严格用典当或抵押的形式保证借款人能够支付、还债。同时用智能合约进行借贷，只要到时间，把预言机和链接加进去，马上就能执行，不需要任何机制，可以最大限度地减少交易对手风险。其五，减少中介机构的风险。DeFi 没有中介机构，只有智能合约。成本也会因为没有了中介机构而降低。其六，可组合性。比如 UMA（一个基于以太坊的去中心化协议，可提供预言机服务）、Synthetix（一个基于以太坊的分成资产平台），什么都可以拿来做衍生品，可以对赌、做合约，一个人就可以创造出来合约。像乐高积木一样。Synthetix 最近要推出一个底层是特斯拉股票的衍生品。可组合、可编程是 DeFi 的一大特点，会让金融产品变得特别丰富。

(二)DeFi 涉及的法律问题

第一，关于 DeFi 智能合约生效问题。DeFi 智能合约在双方当事人对智能合约的内容达成一致意见，并将线下合同的内容写在以太坊公链上时，即完成上链行为，相应的程序设定完成后，DeFi 智能合约才成立并开始生效。

第二，关于 DeFi 智能合约的履行问题。DeFi 智能合约在履行的过程中，主要涉及履行状态、代理权限、实际履行人、对价支付的合法性等问题。

第三，关于 DeFi 智能合约安全漏洞的法律问题。涉及的民事法律责任主要包括违约责任和侵权责任两类。侵权责任类型主要有：一是由黑客承担相应的法律责任，二是由项目方承担相应的法律责任，三是由安全审计方承担相应的法律责任。

三、GameFi&SocialFi 与法律

(一)GameFi&SocialFi 概述

GameFi，是一个宽泛的术语，指的是游戏玩家通过玩视频游戏，赚取加密货币。游戏期间，玩家可以通过一些机制赚钱，比如在流行游戏 Axie Infinity 中赢得战斗即可获得代币。

GameFi 是 DeFi 和 NFT 融合下的"游戏化金融"概念，是将

金融产品以游戏的方式呈现，使DeFi的规则游戏化，即游戏化金融或全新游戏化商业。而GameFi真正进入加密市场参与者的视野，得益于Yearn.Finance的创始人Andre Cronje（AC）。AC曾在推特平台上强调"接下来，我们将进入GameFi"。自此，GameFi的概念在社区被广泛讨论，新项目和新玩法层出不穷。

GameFi，简单地来讲就是在游戏中实现资产（金融）变现。GameFi将DeFi的规则游戏化，游戏道具、衍生品NFT化，并加入传统游戏的对战、社交等玩法，增加游戏的娱乐性、互动性，提升个人对游戏的感兴趣程度。这一点在Axie Infinity的菲律宾玩家们身上表现得非常明显，甚至在菲律宾还形成了Axie Infinity职业的游戏公会，组织当地居民参与Axie Infinity，并将游戏免费提供给没有Axie的玩家，让他们通过玩游戏赚取收入。虽然GameFi可以简单地理解为NFT+DeFi，但它更侧重于DeFi。一方面，GameFi将DeFi融合到游戏中，也就是将DeFi游戏化，使得Game更有趣味性，从而促进Game生态的发展。另一方面，GameFi通过提供流动性"挖矿"等方式，让玩家拥有了更多的入场方式，获得更多的收益。

SocialFi（社交代币）和具有社交属性的创造者经济是加密行业走向主流的重要方向。SocialFi=Social+DeFi，即社交化金融，它将社交影响力通证化、金融化、DeFi化，让每一个人都可以通过彰显自己的价值获得收益。传统互联网时代，Twitter、微博等UGC（User Generated Content，用户生成内容）平台将信息和内容生产的成本转移到用户，在免费获得海量内容的同时，为网站自身带来了可观流量。而用户本身则成为这些网站的"数字劳工"，为平台贡献了大量的时间和精力却无法获得实际收益。SocialFi解决了这一问题，它让用户从"打工人"变成了"主人"，也是区块链核心属性中"让数据主权回归用户"的一种表现。SocialFi为每个用户的创作内容和社交影响力赋能，帮助用户变现个人价值，共享平台流量与收益。

可以看出，SocialFi创造性地结合了区块链特有的金融属性，在实现信息传递的基础之上，进一步实现了价值传递。随着更多个体在这样一个自洽的经济系统中获益，SocialFi的价值生态也将进一步发展和扩张，逐步建立起影响力社区、创作者经济等更具想象力的完整生态。

SocialFi的两个发展方向，其一，社交代币。社交代币是一种由个人声誉、品牌或社区支持的代币，它建立在社区价值会不断提高的前提下。其中，代币铸造与分发、内容资本化是比较主流的项目理念。这类项目通过代币管理社区，能够根据社区内用户的活跃程度以及贡献程度划分层级，并享受代币化权益，为网络红人、文化生产者、相关参与者增加收益，部分项目已经在音乐、文字等领域建立起了完整的新型创作者经济。通过社交代币建立的社区同样活跃在投资领域，这类社区可以通过投票机制与智能合约聚合资金、寻找和发现投资机会。其二，去中心化社交平台。这一领域的许多项目试图对标当下传统互联网中的大型社交平台，并引入了代币机制，让用户获得对平台的控制权。

SocialFi符合区块链技术本身的金融属性，其核心在于让社交变现，这并不是什么新鲜事，在我们当下的互联网中已经有了诸多实践，可以被概括为三种方式：产品变现、广告变现、服务变现，但这三种方式都存在一些问题。而SocialFi对于解决这些问题则是一次全面革新。SocialFi 的经济模式不仅仅是将社区作为服务对象或是营销对象，建立"消费"的共同体，更是在挖掘粉丝社区的价值，集合社区成员的力量来进行共同创造或经营活动，让社区成为一种"生产"的共同体。

(二)GameFi&SocialFi 涉及的法律问题

第一个问题，GameFi&SocialFi 商家的法律风险：非法集资的法律风险。

GameFi 本属于金融场景的应用，需要发行虚拟货币或者发行可自由流通的 NFT。因此，GameFi 商家面临较高的非法集资风险。

第二个问题，GameFi&SocialFi 玩家的法律风险：破坏计算机信息系统的刑事法律风险。

在赚取 GameFi 发行的虚拟货币和 NFT 后，玩家在交易所将虚拟货币和 NFT 兑换为法币的行为则存在为洗钱、掩饰隐瞒犯罪所得收益的犯罪行为人提供帮助的可能性。同时，开发外挂程序对他人计算机信息系统安全造成危害的，涉嫌《中华人民共和国刑法》第二百八十五条第三款规定的提供侵入、非法控制计算机信息系统程序、工具罪以及第二百八十六条破坏计算机信息系统罪。要求他人开发此类外挂程序的，将构成对前述犯罪的教唆罪，需承担相应的刑事责任。

第三，出售 GameFi 收益的法律风险。

因 GameFi 自动执行脚本、雇佣等机制的存在，有投机者会选择购买大量的计算机设备并配上自动执行脚本或雇佣专职玩家，并将该设备产生的数字资产收益打包向民众出售。这一商业模式与传统的虚拟货币"挖矿"有相似之处，属于利用特定虚拟货币的产生机制消耗电力资源以获取虚拟货币奖励的行为。因此，从行政法的视角评述，监管部门可能会依照《关于整治虚拟货币"挖矿"活动的通知》的有关规定对该等行为进行行政处罚。

第四，其他类似于 DeFi 的法律风险。

DeFi 涉及的法律风险，GameFi&SocialFi 也会涉及。在此不再赘述。

四、Token（FT）与法律

（一）Token 概述

Token 的原意是计算机领域里的"令牌、信令"，在以太网成为局域网的普遍协议之前，IBM 曾经推出过一个局域网协议，叫作"令牌环网"（Token Ring Network）。网络中的每一个节点轮流传递一个令牌，只有拿到令牌的节点才能通信。这个令牌，其实就是一种权利或权益证明。区块链概念的普及，以及以太坊及其订立的 ERC20 标准（基于以太坊的代币协议）的出现，让任何人都可以基于以太坊发行自定义的 Token，Token 开始被广泛译为"代币"，并被人们接受。但 Token 可以代表任何权益证明而不仅仅代表货币，所以 Token 代表的是区块链上的一种权益证明，而非货币；Token 是可流通的加密数字权益证明，简称"通证"。

通证不同于币，目前大部分加密货币都没有落地，也就不考虑能有什么用处。而通证是立足于实体经济、为实体经济服务的。通证启发和鼓励把各种权益证明，比如门票、积分、合同、证书、点卡、证券、权限、资质等全部拿出来通证化，放到区块链上流转，放到市场上交易，让市场自动确实其价格，同时在现实经济生活中可以消费、可以验证，紧贴实体经济。

Token有四个要素：其一是数字权益证明，而非非数字权益或资产证明。通证必须是以数字形式存在的权益凭证，代表一种权利、一种固有和内在的价值。通证可以代表一切可以数字化的权益证明，从身份证到学历文凭，从货币到票据，从钥匙、门票到积分、卡券，从股票到债券、账目、所有权、资格、证明等人类社会全部的权益证明，都可以用通证来代表。其二是加密，通证的真实性、防篡改性、保护隐私等能力均由密码学予以保障。这是与其他权益证明最大的不同。每一个通证都是由密码学保护的一份权利。这也是通证和其他权益证明的基本区别，即通证是去中心化的，通证所代表的权益由不可篡改的区块链来保障，而非通过第三方信用。其三是通证一定是可流通的，这是其价值所在。可能是全局流通，也可能是局部流通，可流通性越强，通证属性越强，从而随时随地可以验证。其中一部分通证是可以交易、兑换的。人类社会全部权益证明，都可以用通证来代表。其四，激励的工具和载体。Token是过去的区块链经济系统和未来的元宇宙经济系统中最主要的激励工具和凭证，类似于现实经济系统的现金激励、股权激励或期权激励。

将通证表达为数字资产后，有两大作用。第一，参与市场交易帮助确定价格；第二，在流通周转中增加资产的价值。可以将未上链的资产类比为未上市公司的股份，这个时候的公司估值普遍偏低，由于不能进行市场化的交易和流转，所以股份没有一个相对合理的市场价格。一旦该公司成功上市（IPO），股票就更容易交易和变现，公司里有任何风吹草动都会立即反映到股价上，这就是快速交易所带来的估值翻倍和市场价格发行的作用。同理，上链后的资产也有了类似公司上市后股票交易或转让的便利性，资产上链后就形成了数字化的资产，也就是通证。通证经济就是把通证充分利用起来的经济，比如门票、积分、合同、证书、资质等全部都可以通证化，借助于区块链或可信的中心化系统，把数字资产的价值发挥得淋漓尽致。因此我们可以推断，通证经济会把人类的数字资产管理能力，推到一个全新的高度。通证经济可能会消除中间商，甚至使股份制公司这种在人类商业史上辉煌了500年的协作模式消失，从而重新构建组织的结构及利益分配关系。①

（二）Token 涉及的法律问题

Token 是过去的区块链经济系统及未来的元宇宙经济系统中最重要的工具和载体，有多种形式，比如 BTC、ETH、USDC、FT、NFT、DeFi、GameFi、SocialFi 等。那么，Token 涉及哪些法律问题呢？

第一，凡 BTC、ETH、USDC、FT、NFT、DeFi、GameFi、SocialFi 等所涉及的共性法律问题，Token 均涉及。在此不再赘述。

第二，Token 发行及融资（ICO）的合规风险。该风险主要涉及公开发行或公众募资问题。如果被认定为属于证券发行，则涉嫌非法发行证券；若被认定为货币类募资，则可能涉嫌非法集资。

---

① 参见搜图网发布于2021年7月29日的《解析区块链里的 Token 到底是什么？》一文。

五、智能合约与法律

（一）智能合约概述

智能合约是一套以数字形式定义的承诺（commitment），合约参与方可以在上面执行这些承诺的协议，是一种旨在以信息化方式传播、验证或执行合同的计算机协议。智能合约允许在没有第三方的情况下进行可信交易，这些交易可追踪且不可逆转。智能合约概念于1994年由尼克·萨博（Nick Szabo）首次提出。智能合约的目的是提供优于传统合约的安全方法，并减少与合约相关的其他交易成本。

智能合约程序不只是一个可以自动执行的计算机程序，它还是一个系统参与者，对接收到的信息进行回应，可以接收和储存价值，也可以向外发送信息和价值。这个程序就像一个可以被信任的人，可以临时保管资产，总是按照事先的规则执行操作。一个智能合约模型为：一段代码（智能合约），被部署在分享的、复制的账本上，它可以维持自己的状态，控制自己的资产和对接收到的外界信息或者资产做出回应。它是运行在可复制、共享的账本上的计算机程序，可以处理信息，接收、储存和发送价值。

笔者认为，智能合约必须具备三个条件。第一，部署在区块链上，因为区块链技术提供了机器信任，去传统信任。第二，该合约具备清晰的可自动执行性。第三，该合约设定的触发条件是可收集的、可感知的。因此，并非所有的合约都可以智能化自动执行。

（二）智能合约涉及的法律问题

智能合约面对的第一个问题就是合同法问题，即智能合约与合同之间的关系是什么。智能合约是一种合同吗？第二个问题是智能合约与在线仲裁的关系问题（直接约定将电子合同进行在线仲裁）。除了这些基本问题，智能合约还涉及如下一些技术性法律问题。

第一，当事人假名问题。

区块链技术作为元宇宙最核心的底层技术之一，其特征之一就是去信任化，多使用假名，无须验证实名，借助密码技术和数字签名，交易双方都可以隐藏真实身份，人们即使素未谋面，只要他们信任区块链的底层技术架构，信任全网节点不会被有效击破，就可以在区块链上以智能合约的方式进行交易。在传统合同中，当事人的民事行为容易辨认，而区块链智能合约的用户身份信息以公钥地址表示，法律未限制未成年人拥有私钥或比特币以及其他代币，因为已匿名化，所以无从知晓对方当事人的真实身份、行为能力以及是否存在合约主体瑕疵事由等。智能合约被触发后，进入自动执行阶段，即使底层代码存在失误或错误，也无法阻止合约的执行。这种情况下，如何实现后期补救？在合同一方是未成年人的情形中，合约效力是否需要依法律确认无效并执行回转？是否需要建立一种社会信用机制，以确认合约主体是合法当事人？

第二，代码漏洞问题。

由于区块链代码具备开源性，任何人都可以在互联网上读取区块链代码，这就难免会受到恶意攻击和操控。2016年6月17日发生的THE DAO（分布式自治组织）被黑客攻击的事件，其原因便是智能合约代码在编写过程中存在漏洞。智能合约的工作原理是二进制代码在预设条件被触发后自动执行，一旦形成即向全网传播，不可逆转和变更，如果系统存在漏洞，代码被挂在公开透明的开源网站上供其他人研究，就存在被外部攻破的风险，代码也会被修改，而错误代码来自双方当事人以外的第三方，缔约方均难免遭受损失。此时，如果智能合约尚未执行，缔约双方就有权撤销合约。如果智能合约已经执行，由于外力攻击导致双方当事人遭受损失的，理论上可以向第三方主张赔偿，但由于区块链的假名性，很难找到恶意的第三方，赔偿责任极难得到确认。虚拟世界的规则与现实世界的规则之差异成为司法关注的一个新领域。

第三，智能合约的解释问题。

传统合同中难免因对语言理解不清而混淆各方的真实意思。智能合约借助软件代码的符号逻辑，可以减少合约的模糊性。但是，计算机的逻辑语言要求编码双方都必须熟悉计算机程序的代码内容，以确保交易双方地位的实质平等；否则，不懂代码的一方就会处于不利地位。编写程序的一方需要对合约的内容进行说明，因二者的信息资源配置是不对等的，这就要求编写程序的一方保证诚实守信，不歪曲合约代码的本意，客观真实地反映当事人的意思，以实现合约双方的平等与公正。当合约产生纠纷、可能要起诉到法院时，对律师和法官的职业水平也提出了更高的要求，不熟悉计算机代码的律师和法官难以像了解用普通语言写成的合同那样清晰地了解智能合约内容，这也给司法界和法律教育带来了巨大的挑战。

第四，智能合约的修改以及消费者权益保护问题。

在区块链智能合约中，悔约权、合同修改权和请求撤销权均难以实现。由于智能合约具有自动执行性质，记载当事人意志的代码被触发后，软件开始自动执行，当事人自己无法使其停止。在区块链智能合约中，消费者明显处于不利的地位，封闭的技术也封闭了人文关怀，使得信息不足的消费者的合法权益难以得到有效保障。

第五，违反公序良俗和实施犯罪的智能合约问题。

由于区块链智能合约的去中心化、匿名性、自动执行等性质，社会已经担心有人会利用智能合约来开展违法活动。例如，当事人可以借助智能合约来买卖毒品、枪支等违禁品，因为没有一个中心化的机构来担负监管的责任，交易双方甚至可以不必了解对方的真实身份，就可以完成交易，这比电影中展示的交易双方因为不信任而"黑吃黑"的情形直接得多，这些违法交易在区块链中难以被法律追究。智能合约也可能被用于赌博、色情等违反公序良俗以致犯罪的交易，甚至利用智能合约达到暗杀公众人物的犯罪目的，罪犯只需要预设领取赏金的计算机代码，有目的地规避法律，无需密谋策划，甚至悬赏方和杀手都不需要互相认识，就可以进行犯罪活动，并难以被追踪，由于利用了密码法，警方难以压制犯罪活动，这给社会管理带来了新挑战。

第六，智能合约应用领域的广泛性导致的法律差异问题。

智能合约的应用领域十分广泛，不仅限于买卖合约，几乎所有的金融交易都可以被改造并在区块链上应用，包括股票、期权、债券、保险、房屋租赁等，所涉及的法律部门也相当广泛，适用的法律法规存在巨大差异。智能合约还存在涉外合同问题，传统合同一般会倾向适用本国法律，或者在涉外合同中约定适用的法律和管辖的法院或仲裁庭。在区块链智能合约中，当事人可以利用连接全世界的区块链来签订合约、执行交易，不限于一国之国民，甚至不知道对方是哪国人，这种情况下若产生纠纷，该向哪个国家的法院和仲裁庭申请救济？法院和仲裁庭收到案件后，依据什么法规来断案也是个难题。

六、DAO 与法律

（一）DAO 概述

DAO 是英文 Decentralized Autonomous Organization 的缩写，是基于区块链核心思想理念（由达成同一个共识的群体自发产生的共创、共建、共治、共享的协同行为）衍生出来的一种组织形态。DAO 是区块链解决了人与人之间的信任问题之后的附属产物。DAO 是公司这一组织形态的进化版，是人类协作史上一次革命性的变革，其本质是区块链技术的一种应用形式。

DAO 是一种将组织管理和运营规则以智能合约的形式编码在区块链上，从而在没有中心化控制或第三方干预的情况下自主运行的组织形式。DAO 有望成为应对不确定、多样、复杂的环境的有效组织。DAO 具有充分开放、自主交互、去中心化控制、复杂多样以及涌现等特点。与传统的组织形式不同，DAO 不受现实物理世界的空间限制，其演化过程由事件或目标驱动，快速形成、快速传播且高度互动，并伴随着目标的消失而自动解散。DAO 具备如下特征。

第一，分布式与去中心化。

DAO 中不存在中心节点以及层级化的管理架构，它通过自下而上的网络节点之间的交互、竞争与协作来实现组织目标。因此，DAO 中节点与节点之间、节点与组织之间的业务往来不再由行政隶属关系所决定，而是遵循平等、自愿、互惠、互利的原则，由彼此的资源禀赋、互补优势和利益共赢所驱动。每个组织节点都将根据自己的资源优势，在通证的激励机制的作用下有效协作，从而产生强大的协同效应。

第二，自主性与自动化。

在一个处于理想状态的 DAO 中，管理是代码化、程序化且自动化的。"代码即法律"（Code is law.），组织不再是金字塔式而是分布式的，权力不再是中心化而是去中心化的，管理不再是科层制而是社区自治的，组织运行不再需要公司发挥作用而改为依靠高度自治的社区。此外，由于 DAO 在由利益相关者共同确定的运行标准和协作模式下运行，组织内部的共识和信任更易达成，因此可以最大限度地降低组织的信任成本、沟通成本和交易成本。

第三，组织化与有序性。

依赖于智能合约，DAO 中的运转规则、参与者的职责权利以及奖惩机制等均公开透明。此外，通过一系列高效的自治原则，相关参与者的权益得到精准划分与降维，即给那些付出劳动、做出贡献、承担责任的个体匹配相应的权利和收益，以促进产业分工以及权利、责任、利益均等，使得组织运转更加协调、有序。

第四，智能化与通证化。

DAO 底层封装了支持 DAO 及其衍生应用的所有基础技术——互联网基础协议、区块链技术、人工智能、大数据、物联网等，以数字化、智能化、链上链下协同治理为手段，改变了传统的科层制以及人为式管理方式，实现了组织的智能化。Token 作为 DAO 治理过程中的重要激励手段，将组织中的各个元素（例如人、组织、知识、事件、产品等）数字化、通证化，使得货币资本、人力资本以及其他要素资本充分融合，更好地激发组织效能和实现价值流转。

一个 DAO 的设立，必须具备三个基本要素：其一，具有能与陌生人达成共识的组织目标和组织文化（组织的使命、愿景、价值观）；其二，具有能与陌生人达成共识的包含创立、治理、激励等内容的规则体系，且此规则体系可以通过区块链技术置于链上；其三，具有能与所有参与者形成利益关联的 Token，以实现全员激励。

(二)DAO 涉及的法律问题

DAO 可以有不同的类别。一些 DAO 可能看起来更像是原始公司，甚至是新公司；一些 DAO 可能看起来更像是合作社；其他 DAO 可能看起来像非营利性组织。智能合约已经让很多人工任务实现自动化执行。例如，智能合约可以决定 A 是否可以向 B 发送资金，这个决定基于它是否满足一组标准。但问题在于，无法仅通过点击按钮来完成很多活动。其中一个案例是关于分配工作资金的。例如，DAO 使用智能合约向开发团队发送资金，开发团队用该资金构建 App。但是，DAO 无法确保开发团队完成开发甚至无法确保资金被正确使用。最小化此类问题的机制可能要求通过里程碑来对大型项目是否完成进行投票。总而言之，整个过程缺乏监管。

笔者认为，DAO 可能涉及如下几个法律问题。

第一，证券法下发行证券的法律风险。如果 DAO 发行的代币被认定为证券，则涉及公开发行证券问题。需要考虑合规法律风险。

第二，银行法下的资金监管问题。考虑资金的来源与流向、资金是否涉及洗钱、恐怖主义等问题。

第三，DAO 对公司法的冲击，如何针对 DAO 这种新的组织形式立法等。

第四，DAO涉及的监管及税务问题。如何对其实行监管，涉及的税务问题如何处理等。

七、Web 3.0 与法律

(一) Web 3.0 概述

HTTP（超文本传输协议）的先驱蒂姆·伯纳斯·李（Tim Berners-Lee）在互联网时代首次使用"Web 3.0"一词来描述一个集成的通信框架，其中 Internet 数据在不同的应用程序和系统之间是机器可读的——他将这个概念称为"语义 Web"（网络）。在 2014 年的博客文章《网络 3.0 看起来像什么》（*DApps: What Web 3.0 Looks Like*）中，以太坊联合创始人加文·伍德（Gavin Wood）重新利用了伯纳斯·李的表述，用它来指代区块链技术定义"各方之间交互的根本不同模型"的能力基于"零信任交互系统"。他认为，Web 3.0 是协议和技术，例如共识引擎和密码学，它们可以协助建立整个网络上更强大的社会契约，将 Web 3.0 的目标描述为"更少的信任，更多的真相"。

为 Web 3.0 模型提供动力的是越来越多的去中心化技术，例如区块链、智能合约、预言机、加密钱包、存储网络等。Web 3.0 技术堆栈的一些关键层和组件为：（1）区块链。区块链是 Web 3.0 的结算层，是一个高度安全和去中心化的网络，它允许人们在不受任何中央机构控制的共享分类账中存储数据、交换价值和记录交易活动。区块链网络作为 Web 3.0 的支柱，提供安全的执行环境，允许创建、分发和交易加密货币，以及开发可编程智能合约。（2）数字代币（加密货币）。它利用区块链网络的去中心化和防篡改环境来促进高度安全的交易。它们是 Web 3.0 去中心化应用程序（DApps）的原生代币，也可用于购买 Web 3.0 服务和参与 Web 3.0 治理。Web 3.0 应用程序中的代币也是发给 Web 3.0 内容创建者的价值单位，但这些价值单位是数字化的、可编程的，并且具有超越交换的功能。在 Web 3.0 中，代币可能作为对协议、项目或区块链的投资而持有。它可能对某个项目或协议有用——例如，用于支付服务费用或为服务投保。它还可能提供参与协议或项目治理的门户。（3）智能合约和去中心化应用程序（DApps）。智能合约是区块链上的防篡改程序，通过使用条件软件逻辑来促进自动交易，例如"如果 x 为真，则执行 y"。可编程智能合约可以创建去中心化应用程序（DApps），这些加密经济协议将 Web 3.0 带入生活并将其交到用户手中。DApps 不同于我们在 Web 2.0 世界中熟悉的应用程序和来自 Web 1.0 世界的静态 HTML 页面，因为它们不是由任何个人或组织维护，而是由区块链网络的去中心化基础设施提供支持。这些看似简单的去中心化程序可用于创建复杂的自动化系统。（4）预言机。预言机已成为 Web 3.0 堆栈的扩展层，是将区块链连接到现实世界数据和现有系统的实体，并为建立统一、可互操作的 Web 3.0 生态系统提供关键基础设施。随着跨链互操作性协议（CCIP）的发展，预言机网络将有助于使快速增长的不同区块链生态系统和第二层扩展解决方案安全地相互通信。预言机提供链下数据和服务，以促进智能合约创新，并提供跨链互操作性以确保不同链上环境之间的无缝衔接。预言机将去中心化计算和加密保证的能力扩展到现有系统的基础设施,实现了 Web 2.0 和 Web 3.0 的连接。

(二)Web 3.0 涉及的法律问题

鉴于 Web 3.0 构建在区块链底层技术之上,加之其经济系统、商业应用的一些特征,笔者认为,Web 3.0 可能涉及如下法律问题。

第一,凡区块链涉及的法律问题,Web 3.0 均可能涉及。

区块链的去中心化涉及的法律适用及司法管辖问题、匿名化与网络实名制问题、可靠性与删除权问题、透明化与个人数据保护问题、智能合约问题、区块链代币经济系统的法律问题、公链的监管问题等,Web 3.0 均可能涉及。

第二,凡各种 Token(FT)及 NFT 涉及的法律问题,Web 3.0 均可能涉及。在此不再赘述。

第三,凡是 DAO 与智能合约涉及的法律问题,Web 3.0 均可能涉及。在此不再赘述。

第四,数据安全及平台责任等法律问题。

首先,Web 3.0 的经济系统及其应用场景决定了其涉及数字创造、数字资产、数字市场和数字货币等,以满足激励机制、利益分配及金融服务的需求,一旦账号被盗,个人资产也会受到侵害。由此可见,数据安全是保障 Web 3.0 稳定发展的前提和关键。

其次,避免数字账户或数字身份被盗用,不仅需要个人做好安全防护,平台和企业更是不可免责。2021 年,《中华人民共和国数据安全法》《中华人民共和国个人信息保护法》应运而生,数据安全从"互联网大蛮荒时代""网安法时代"走向"大合规时代"。数据安全治理需要体系化建设，以数据全生命周期为核心，实现数据安全的全方位治理，此治理可分为数据采集、数据传输、数据存储、数据处理、数据交换和数据销毁六个阶段。如果平台服务商因过错或疏漏导致用户资产丢失，就需要承担相应的赔偿责任。

八、经济系统与法律

(一) 经济系统概述

经济系统是由相互联系和相互作用的若干经济元素结合而成、具有特定功能的有机整体。广义的经济系统指物质生产系统和非物质生产系统中相互联系、相互作用的若干经济元素组成的有机整体。亚太地区经济系统、国民经济系统、区域经济系统、部门经济系统、企业经济系统等都是广义的经济系统。狭义的经济系统指在社会再生产过程中的生产、交换、分配、消费各环节的相互联系和相互作用的若干经济元素所组成的有机整体。这四个环节分别承担着若干工作，分别具备特定的功能。

作为元宇宙的两大核心支柱之一，区块链中存在一种独特的经济系统，因而元宇宙中也必然存在一种经济系统。元宇宙的投资、规划、建设和开发应采取预防措施，设计好经济模型，防范经济风险，打击虚拟犯罪；在现实世界之中，由虚拟资产引发的欺诈已成为金融欺诈的主流。元宇宙是一个动态发展的概念，其产业内涵、发展重点和基础设施仍处于探索阶段。作为虚拟与现实高度融合的全新世界，元宇宙的构建已经成熟，需要成熟的内部结构，这使得元宇宙经济体系的构建成为一个关键的议题。

基于区块链的"价值互链网"将是元宇宙经济系统的基本形态。元宇宙经济系统不是互联网经济系统的复制品,其目的是实现价值的精确流动。借助区块链、加密算法、共识机制、链结构、智能合约等技术,元宇宙将实现可靠确权、可信流转及服从制度、服从契约的稀缺性,从而建立兼具相对公平和公信的经济秩序。目前,虽然元宇宙已成为全球产业热点,其相关技术和产业也正急速发展,但元宇宙经济体系的建设仍存在诸多潜在的风险和挑战。总体而言,元宇宙的经济系统面临两大挑战:创新金融模式的安全风险和数据安全风险/网络空间安全风险。前者可以通过机构监管进行标准化,而后者往往更为普遍,且与大多数元宇宙用户的利益紧密相关。

在区块链世界,违法犯罪行为有隐蔽性且分布于全球各地,这给预防和调查带来了全新的挑战,元宇宙不仅是全球产业热点,也是数字经济发展的关键环节。元宇宙对推动区块链、虚拟现实等技术的发展,拓展数字经济产业场景,加快经济增长具有重要意义。区块链技术的出现为元宇宙经济系统中价值的产生和循环创造了条件,这将释放元宇宙的活力,使之成为区块链大数据产业发展的动力。

(二)经济系统涉及的法律问题

如前文所述,元宇宙的经济系统面临两大挑战:创新金融模式的安全风险和数据安全风险/网络空间安全风险。那么,相应地,元宇宙的经济系统也将面临两大法律风险。第一类法律风险是创新金融模式涉及的法律风险,主要包括激励模式、分配模式、创作模式、协作模式涉及的法律风险。该类法律风险主要包括前文所谈及的 NFT 法律风险、DeFi 法律风险、GameFi&SocialFi 涉及的法律风险以及 Token 的 FT 法律风险等。在此不再赘述。第二类法律风险是数据安全/网络空间安全所涉及的法律风险。

第九章　元宇宙主体与法律

一、虚拟数字人与法律

（一）虚拟数字人概述

数字化虚拟人体是指将人体结构数字化，通过计算机技术和图像处理技术，在计算机屏幕上呈现一个看似真实的模拟人体，再进一步将人体功能性的研究成果数字化，由信息科学家将其转变为计算机的语言符号，赋加到这个人体形态框架上。经过虚拟现实技术的交叉融合，通过调控，这个"虚拟人"将能模仿真人做出各种各样的反应，若设置有声音和力反馈的装置，还可以提供视、听、触等直观而又自然的实时感觉。虚拟人的全部研究发展包括四个阶段：虚拟可视人、虚拟物理人、虚拟生理人和虚拟智能人。数字化虚拟人体以二维形式显示人体解剖结构的大小、形状、位置及器官间的相互空间关系，可有效利用人体的信息，开发多层次需求，实现了人体解剖结构信息的数字化，使人类在认识自身结构方面又前进了一大步。

根据中国信息通信院发布的《2020年虚拟数字人发展白皮书》，虚拟数字人的基础设施层包括显示、光学、传感器、建模、渲染引擎等，主要由海外巨头把持；平台应用层主要包括制作虚拟数字人的具体功能,如动作捕捉、智能语音、自然语言处理等。成本是虚拟数字人制作需要跨越的第一个门槛。"虚拟数字人的制作需要的是技术和艺术的完美融合,就目前而言,制作一个虚拟数字人的成本大概在五十万到六十万元。"但制作端让一个虚拟数字人的形象出现在计算机屏幕上,只是"把孩子生出来",而"把这个孩子养大"——让虚拟数字人产生价值,则需要靠后续的运营。但现阶段,与不断迭代、越发成熟的技术生产力无法匹配的是,国内虚拟数字人的人物灵魂构建体系仍然落后。目前,对虚拟数字人的运营更多的是为了快速变现。

虚拟数字人有两大优势:其一,虚拟数字人能降低成本,提高质量。在某些服务行业,虚拟数字人代替真实的人,可以起到降低运营成本、提高服务质量的作用。其二,虚拟数字人可以持续工作,并应用在各个领域。虚拟数字人可以广泛运用在各个领域,比如金融、医疗、零售、游戏、直播等行业。在直播行业中,虚拟数字人可以提供每天 24 小时的服务,而且可以兼容各种模式,让客户的使用感觉更好。还可以大大降低人工成本、提高营业效率。从游戏行业来看,虚拟数字人可以独特化,根据自己的习惯设定模式,实现独特定制。

图 9.1 万科虚拟数字人崔筱盼

元宇宙时代尚未真正到来，但虚拟人（或称数字虚拟人、数字人、数智人）正呼啸而来！万科、华为、浦发银行等打造的一大批虚拟人粉墨登场！虚拟人有两类：第一类，数字孪生人，旨在模拟现实世界真人；第二类，数字原生人，纯粹的数字人。目前，虚拟人更多的功能体现在其形象、气质和人设方面，与时尚、内容类行业更容易结合。未来，虚拟人将结合RPA（流程自动化、智能代理等技术），因此会出现更多以更加标准化的实际业务操作为主的数字员工。

无论是虚拟代言人还是虚拟员工，其虚拟形象只是一个符号，更为重要的是承载其表象功能的技术，比如人工智能、流程自动化等。在某种程度上，虚拟人实际还是有着人类形象的人工智能机器人，这种人工智能机器人有时候可能只是算法模型在特定场景的应用，并不一定具有具象（具身形象）。

就目前而言，元宇宙只是对未来的畅想，但虚拟人与NFT确实已经实现了，二者是元宇宙的第一批落地应用和构成要素。

（二）虚拟数字人涉及的法律问题

越来越多的公司推出了自己的虚拟数字人项目，综艺市场、互联网公司也开始将目光聚焦于此，为虚拟角色们提供了舞台，甚至随着深度学习算法的突破，智能驱动的虚拟数字人也开始崭露头角。值得注意的是，随着元宇宙概念的走红，虚拟数字人似乎更具改变世界的潜力。

虚拟数字人本身虽是虚拟的，但也是产业数字化的一部分，能够为产业的发展赋能。数字人未来的发展一定要虚实交互，虚与实之间的良好平衡是根基。新型的数字人产品应当致力于全面"增强现实",即增强现实世界里人与人之间互信互助的交往,而不是"削减现实",即通过贴标签的方式简化、模式化、分化人群,弱化人与人之间的互信互助。数字人不仅要脱实向虚,更要脱虚向实,不能也不应该一味地削减现实、过度加强虚拟世界的娱乐性。数字人存在的目的不是让人类逃离现实世界,而是加强人们与现实世界、与他人之间的联系。数字人未来必然会涉及一些法律及伦理问题,需要相关法律的监管和引导,确保其发展方向正确。数字人的发展不完全受技术的制约,还受法律法规和道德底线的制约。"未来数字人无疑是数字经济最重要的组成部分。而实现数字人的发展,首先要解决的是数字人与人类之间的法律关系及边界问题。数字人不是为了让人脱离现实世界,而是为了增加人与现实世界、人与人的交流,它应该使人类更懂得多元与互信,而非割裂的二元。"

安全伦理层面,相关法律法规和伦理规范尚待完善。虚拟数字人技术在发展中会引发一些法律问题和伦理风险,需要提前建立相关制度加以防范。目前,虚拟数字人的发展可能存在如下几个法律问题。

问题一,虚拟人数字化的身份和形象涉及的法律问题。

在元宇宙中,虚拟化的人会选择什么性别?涉及的法律问题如何处理?现实中的人可以拥有多个虚拟形象?元宇宙中的人类可以存在一百年、一千年,沉淀下的数据在知识产权保护期结束后,会出现什么情况?这些涉及伦理和隐私的问题都需要引导技术和产品放大人性之善,即以科技向善为方针来展开讨论。

问题二,虚拟世界里面的虚拟人物所有权问题。在元宇宙等虚拟世界里，虚拟人物的所有权归谁？

问题三，虚拟人是否涉及侵权乃至犯罪问题，如何认定与处理？

问题四，虚拟人涉及的知识产权及肖像权问题。如果未经他人同意，就用虚拟人对现实世界里的人进行仿真，是否涉及肖像权问题？虚拟人本身是否涉及知识产权问题，比如著作权、专利权等？

二、超仿真机器人与法律

（一）超仿真机器人概述

元宇宙是整合多种新技术产生的新型虚实相融的互联网应用和社会形态，它基于扩展现实技术提供沉浸式体验，基于数字孪生技术生产现实世界的镜像，基于区块链技术搭建经济体系，将虚拟世界与现实世界涉及的经济系统、社交系统、身份系统密切融合，并且允许每个用户进行内容生产和事件编辑。而实体机器人和虚拟数字人是元宇宙的两大基石。

超仿真机器人与虚拟数字人都是虚拟人，但二者不同之处在于，超仿真机器人是有形的实体，完全模仿人的外形与器官甚至思维、语言等，而虚拟数字机器人则是利用图像处理技术在网络屏幕上打造的与人完全一样的AI机器人（算法）。也就是说仿真机器人，有两种，一种是实体有形的，另外一种是算法的。

超高仿真机器人具有与真人完全一样的外形、身高、毛发、肌肤，有和真人一样的语言、语气、口形、表情，有和真人一样的五官外貌，头、颈、腰、臂、手等身体主要部分均能如真人一样摆出多种姿势和动作，将机器与人的关系变为人与人之间的交流。而且部分仿真机器人的智能已超出人类的智能，可以代替服务台承担导购、导游、问询等工作，是一种新颖引客服务工具，是一种娱乐、趣味性机器人。

超仿真机器人之所以能像人一样活动、有人的行为，是因为有了用传感器等组建的机器人系统的中枢，该中枢就像大脑一样控制、指挥机器人的行为。超仿真机器人的心脏系统是不少于32位的微型处理器，可以由PC（个人计算机）或Mac（苹果笔记本电脑）操作程序。超仿真机器人身上各个部位装有多种传感器，比如光学传感器，使机器人可以看见周围事物，以区分事物大小和颜色；声音传感器，使机器人可以听到周围声音；触碰传感器，使机器人有反应接触。有的超仿真机器人还装有超声波传感器，听到人耳听不见的超声波。因此，超仿真机器人不仅能运动，甚至能自己去"想"，自己思考。研制出外观和功能与人一样的超仿真机器人是现代科技发展的结果。全新组装的类人机器人全身装满了感应器，可以根据感应到的声音和动作做出适当反应，对光线和触觉的反应更加灵敏。超仿真机器人的发展是因为大家希望从它身上看到人的表情和反应。目前（2014年），超仿真机器人可以用于娱乐和服务。科学家们正在开发更智能的软件，使机器人能和人交流并具备学习能力。从某种角度来说，超仿真机器人的研发是真正考验人类智慧的一项活动。

随着CAD（计算机辅助设计）技术的发展，三维实体建模技术得到了广泛的应用。OpenGL是Open Graphics Library的缩写，它是SGI公司开发的一套高性能图形处理系统。OpenGL的特点包括：硬件无关性，即可以在不同的平台上实现应用；建模方便，即可以构建相当复杂的几何造型；出色的编程特性，由于 OpenGL 可以集成到各种标准视窗和操作系统中，因此基于 OpenGL 的三维仿真程序有良好的通用性和可移植性。OpenGL 的库函数被封装在 OpenGL32.dll 动态链接库中，从客户应用程序发起的对 OpenGL 函数的调用首先被 OpenGL32 处理，在传给服务器后，被 Winsrv.dll 进一步处理，然后传递给 DDI（Device Driver Interface），最后传递给视频驱动程序。

（二）超仿真机器人涉及的法律问题

同时，我们也看到虚拟人的另一面，无论是从生物学角度，还是从法律伦理上来说，虚拟人毕竟不是真人。与虚拟数字人一样，超仿真机器人也同样面临法律与伦理的风险问题。笔者总结了一下，存在如下几个问题。

第一，关于超仿真机器人（实体虚拟人）的法律主体资格问题。

在法律层面，超仿真机器人还不是一个能够有行为能力的主体，同时也没有自主意识。正是因为没有自主意识，也许更能满足受众/消费者的需要。从交易角度看，虚拟人带货或者与消费者沟通所产生的纠纷需要由相关主体承担责任，对于虚拟人服务提供方和虚拟人所有方应承担的责任应该有明确的界定。

此外，在伦理层面，虚拟人可能与真人之间产生情感，目前在日本等国家已经出现了一些真人与假想的虚拟人结婚的现象。这种情况，如果发生在成年人身上，多数人尚可理解、可接受，但若发生在未成年人身上，不免让人担忧，因此虚拟人对未成年人的影响值得关注。

第二，关于超仿真机器人（实体虚拟人）涉及的知识产权及肖像权问题。

如果未经他人同意就用虚拟人对现实世界里的人进行仿真，是否涉及肖像权问题？虚拟人本身是否涉及知识产权问题，比如著作权、专利权等？

第三，关于超仿真机器人（实体虚拟人）的规制问题。

在哪些领域、范围内可以使用实体虚拟人，哪些领域、范围内实体虚拟人的使用需要符合特定的规则，应该尽早地开展跟踪研究并出台相应的对策。

三、数字分身与法律

（一）数字分身概述

虚拟数字人是元宇宙的一个 ID 入口，未来每个人进入元宇宙都需要虚拟分身，而对这种"身份型"虚拟数字人的需求也将开拓产业的新市场。相对于现实世界里的"自然世界＋人类社会"，元宇宙的基础建设离不开"虚拟数字人＋虚拟场景"，然后才是基于此产生的社会关系、互动、经济活动等。因此，元宇宙是一个长期的过程，是未来，而虚拟数字人则是基础，是当下。元宇宙中虚拟人会有两种形态，一种是数字人，一种是我们自己化身的虚拟人。后者就是我们所说的数字分身问题，在由不同平台创建的元宇宙之中，我们可能拥有不同的分身。现在 3D 建模技术发展得非常快，连皮肤上的每一个毛孔、每一根毛发都能做得很逼真。当我们处在元宇宙的世界时，可能已经无法分辨出身边的虚拟人是数字人还是真人扮演的。在未来的元宇宙空间里，我们每个人都有自己的虚拟化身。我们可以与他无障碍交流，就像朋友一样，形影不离地一起行动。这个虚拟人还可以替我们完成一些工作。

还有可能出现一种更加真实的虚拟人。他并非真人的模拟化身，但在人格上、思想上非常接近一个真实的自己。可以通过意识上传生成自己的数字人格，元宇宙中或许会产生另一个自己。

如果意识上传可以实现，就能帮助有感知缺陷或是有残障的人，让他们获得更好的生活体验。比如利用技术让盲人的行动更方便，这是非常有价值、有意义的事情。现在的个性化人工智能虚拟形象（PAI）是进入未来的钥匙。给你一个机械身躯或生物克隆身躯，把你的思想注入超级大脑，就会生成第二个"你"，从数字虚拟分身走到现实中来，变成生物数字分身，人类将获得永生，未来会有一个"自己"，帮助自己做更多的事情，提高人类的时间效率。

（二）数字分身涉及的法律问题

问题一：技术滥用的规制。

人们担忧，技术是否会被滥用？比如，技术被用来制作虚拟的邓丽君、虚拟的梅艳芳、虚拟的张国荣，或者直接为当红的流行歌手林俊杰、谢霆锋制作"数字分身"。虚拟人是否等同于它复刻的真人？虚拟人所创造的收益又该如何分配？

问题二：是否征得亡故者亲属同意，收益如何分配？

复刻已故明星的形象，需要先征得其亲属的同意，收益将会通过基金会的方式按比例分配。需要取得"虚拟人物"的版权。

问题三：数据安全问题。如果元宇宙中的数据安全出了问题，假如"数字分身"被盗了，谁来保护虚拟世界的"你"？

网络游戏就是元宇宙的简易示例。在游戏的世界里，玩家可以创造一个虚拟角色打怪升级赚钱、交际、完成日常任务等。游戏中经常会出现的盗号行为，就像现实社会中被打劫一样，在虚拟世界中，会给玩家造成经济和名誉上的巨大损失，有时甚至会在现实社会中给玩家造成影响。

理想中的元宇宙要比游戏世界更加复杂。根据头豹研究院研报，元宇宙与现实世界相互关联，用户在元宇宙中拥有虚拟身份，用以建造虚拟世界中的社会关系。值得注意的是，元宇宙还通过数字创造、数字资产、数字市场和数字货币支撑起整个元宇宙经济体系，由此满足元宇宙用户的数字消费需求。一旦账号被盗，人们的"数字分身"就会被他人所取代，个人资产也会受到侵害。由此可见，数据安全是保障元宇宙稳定发展的前提和关键。

问题四：平台责任问题。

避免"数字分身"被盗用，不仅需要个人做好安全防护，平台和企业更是不可免责。根据《中华人民共和国数据安全法》及《中华人民共和国个人信息保护法》相关规定，相关平台需承担数据安全、个人信息保护的法律责任。

四、元宇宙相关主体与法律

目前的元宇宙，涉及多个参与者或主体，分别为用户、元宇宙开发工具建造者、平台搭建者、应用开发者、内容创作者、活动参与者（包括经济活动参与者、交易者、协作者等）。那么，这些主体在此过程中各自拥有什么样的权利和义务呢？如何去规范这些主体有关的行为、权利与义务呢？下面我们将逐一进行分析。

（一）工具建造者与法律

所谓的工具建造者主要指为元宇宙提供各种技术支持、开发工具等硬件、软件、操作系统的主体，比如以太坊网络、NTF铸造服务、智能合约编程等。那么，这些工具建造者在提供技术支持的同时，是否需要就其应用后果承担法律责任或被监管规治呢？

笔者认为，技术中立是有前提条件的。如果工具建造者构建的是通用的技术系统，那么这个系统既可以用于合法合规的活动，也可能被用于非法的活动。但具体的用途不是工具建造者所能左右的，比如BT技术、以太坊公链，可以用来做合规的事情，也可能被人利用做非法的事情，在这种情况下，就不能扩大工具建造者的法律责任。无限扩大工具建造者的法律责任，无疑会妨碍技术的发展与进步。

（二）平台搭建者与法律

元宇宙中的平台搭建者是指将各种元宇宙相关技术进行组合，并构建了一套经济系统，从而形成元宇宙生态系统的平台，或基于某个特定的领域，利用特定的技术提供相关应用或服务的平台。比如，脸书打造的元宇宙社交系统，腾讯打造的NFT平台、数字资产交易所等。

该类平台主要存在三类法律问题：其一，这类平台的搭建者是否需要监管？应设定什么准入条件（资质）呢？其二，该类平台如果从事了与现行法律法规不符的活动，是否应当承担行政或刑事法律责任？其三，如果给他人造成财产损失或侵犯他人权利，平台是否应当承担相应的连带责任？

（三）应用开发者与法律

应用开发者主要是指利用工具建造者提供的技术、平台搭建者提供的应用服务进行新的开发、二次开发的主体或用户。比如，利用以太坊网络提供的 ERC20 发行代币 Token，利用区块链技术开发的 DeFi 项目等。那么，是否应当给予这类应用开发者法律规制呢？若应当，又该给予何种法律规制呢？笔者认为，与该类应用开发者有关的法律规制主要有两方面：其一，该开发应用是否合规合法？其二，该开发应用是否侵害他人的合法权益？

（四）内容创作者与法律

未来的元宇宙将有几个核心的应用，比如，社交、游戏及艺术作品创作或其他创作，而最佳的激励模式为 NFT。那么，对内容创作者而言，是否应当进行法律规制呢？笔者认为，针对该类内容创作者，主要涉及三个方面的法律规制：其一，该内容创作是否合规合法，是否涉及法律法规禁止的内容？其二，该内容创作是否侵害他人的合法权益？比如，是否损害他人的名誉权、肖像权？是否侵犯他人的知识产权？其三，内容创作者的作品是否享有知识产权？

(五)活动参与者与法律

所谓的活动参与者是指参与元宇宙各类经济活动的有关主体,比如经济活动参与者、交易者、协作者等。那么,对活动参与者而言,是否应当进行法律规制呢?

笔者认为,对于该类活动参与者,要视其角色及具体参与的内容给予相应的监管与规制。可能涉及两方面的法律规制:其一,参与者参与的活动是否合规合法,是否涉及法律法规禁止的行为?比如多次交易NFT、参与所谓的"挖矿"等;其二,活动参与者的行为是否侵害他人的合法权益?

第十章 元宇宙安全与法律

一、数字身份与法律

(一) 数字身份简述

数字身份，是指通过数字化信息将个体可识别地刻画出来，亦理解为将真实的身份信息浓缩为数字代码形式的公/私钥，以便对个人的实时行为信息进行绑定、查询和验证。数字身份不仅包含出生信息、个体描述、生物特征等身份编码信息，还涉及多种属性的个人行为信息。比如，微信、Meta 中存储的社交信息，支付宝、亚马逊存储的交易信息，游戏、视频软件存储的娱乐信息等，这些不同属性的信息都是个人数字身份的一部分。互联网时代，由于信息获取和存储的媒介众多，人们的数字身份信息相对分散，只有属性越全面，身份信息才越完整；通过不断整合新的数字身份信息，对用户进行更为全面的刻画。随着互联网和数字化的快速发展，数字身份的重要性也更加凸显。目前，在我国，身份认证主要是将个人行为与公安机构的身份证信息绑定，完善手机号码、照片、社交、购物、运动等信息，实现相关证件的第三方核实验证。

身份认证的发展大致可以分为三个阶段：传统身份认证采用身份证件，其特点是线下身份认证，属于身份认证 1.0 时代；eID（公民网络电子身份标识）、CTID（居民身份证网上功能凭证），利用中心化数字认证技术，实现了线上单点身份认证，属于身份认证 2.0 时代；区块链数字身份采用区块链认证技术，实现线上联合身份认证，可承载未来数字时代的身份认证服务，属于身份认证 3.0 时代。搭建在区块链上的数字身份最为鲜明的特点是自主、安全、可控，因为其结合了区块链的去中心化、分布式、共识机制。

此处的数字身份是指用户进入元宇宙，需要验证，并在元宇宙中拥有的身份证明，属于上述的身份认证 3.0。该数字身份将用来确定用户能否进入元宇宙，以及在元宇宙中确认主体身份和主体的各种行为、拥有的数字资产等权益。此处的数字身份并非个人身份证信息的数字化，也不是开通的数字人民币钱包身份。

未来可能会存在由不同平台打造的多个元宇宙，数字身份是用户进入这些元宇宙的通行证。数字身份被认为是将真实身份信息浓缩为数字代码，形成可通过网络、相关设备查询和识别的公共秘钥。与传统身份系统相比，数字身份有助于提高整体社会效率，最大化释放经济潜力和用户价值。

（二）数字身份与法律

数字 ID 是元宇宙里的身份证。在现实世界中，我们拥有自己的身份证，记录着我们的出生日期、性别和住址，承载着我们在现实世界的价值。从进入元宇宙第一天起，你需要创建一个数字 ID，记录你的身份信息，这些信息一旦建立，不可篡改。数字 ID 是元宇宙里的身份证，负载着我们在数字世界的社交关系和资产。这个数字身份根据你的价值观、元宇宙观，以及你在元宇宙中的种种行为进行确认赋权。

它不仅仅是一个头像，还是一个真实存在且影响未来的数字ID。

即便是身份认证3.0版认证下的数字身份，未来也涉及用户的个人信息问题，比如身份信息、位置信息，甚至是人脸识别下的生物特征信息，还有IP地址信息（若用的是交互设备联网）。那么，对于这些数字身份认证该采取什么样的法律规制呢？前段时间，人脸识别第一案引发热议，足见数字身份认证法律规制的重要性。笔者认为，数字身份涉及两个法律问题：一个是个人信息保护问题，一个是信息网络安全与数据保护问题。

二、数据权利与法律

（一）数据权利界定

数据权利和数据主权同属于数据权的范畴，数据权利兼具人格权和财产权双重属性，数据人格权主要包括数据知情同意权、数据修改权、数据被遗忘权，其主要功能是保障隐私空间，让人们享受大数据时代的美好生活；数据财产权主要包括数据采集权、数据可携权、数据使用权和数据收益权，其功能是引导人们合理高效地利用数据资源，让人们共享大数据价值增溢的红利。目前最大的争议是，数据权或数据主权是否包括数据所有权，对数据主权的法律界定是采用《中华人民共和国民法典》，还是采用《中华人民共和国知识产权法》，抑或是将其界定为一种新的权利模式。由于数据已经成为最重要的生产资料，在界定数据主权概念时，需要权衡数据有效利用、数据公共性及个人数据权利之间的关系。

数据权利与知识产权在权利属性上比较接近，是一种兼具人格权和财产权双重属性的权利，但在权利内容上却与知识产权迥异。

(二) 数字权利的立法情况

鉴于数据的重要性，国家层面上已经出台了《中华人民共和国数据安全法》(自 2021 年 9 月 1 日起施行)。该法主要基于数据安全考虑，但没有涉及数据权利及数据主权问题。相对于国家层面的立法，地方立法走在了前面，做了一些探索，比如上海与深圳，分别出台了《上海市数据条例》与《深圳市数据条例》。笔者查阅了这两部地方性数据立法，认为深圳市政府的数据条例对个人数据权益的规定更详尽、更具有前瞻性。

三、信息隐私与法律

(一) 信息隐私权界定

隐私权是指公民享有的私人生活安宁与私人信息依法受到保护，不被他人非法侵扰、知悉、收集、利用和公开等的一种人格权。隐私权的实质在于，个人自由决定何时、何地以何种方式与外界沟通。就此而言，隐私权表现为个人对自身的支配权。这种权利是一种与生俱来的自然权利。信息隐私权具有如下特征。

第一，信息是网络虚拟社会有效运行的基础。在网络中，人的物质性被隐去。虚拟社会的运行，完全依靠个人可识别资料对网上人群加以区分，并将每一个个体特定化，而这些资料正是信息，保护个人资料正是维护个人的隐私权。

第二，网络的有效运行与个人资料的有效性、完整性密切相关。网络需要众多的参与者，否则网络经营者就缺乏实现经济回报的基础，网络也难以为继。在社会的信息化过程中，个人信息已不可避免地被保存在各种各样的计算机系统中。凡是基于合理目的和正当用途而保存个人信息的行为都是正当的，否则可能构成对隐私权的侵犯。

第三，信息隐私权的主体是自然人。法人和其他社会组织不是信息隐私权的主体。因为，隐私权是保护人的情感因素的一项权利。只有自然人才可能有痛苦、愉悦等情感现象。而法人或其他社会组织不可能有像自然人一样因私人信息被收集、披露或者不当利用而产生的痛苦心理。

第四，信息隐私权的内容。（1）个人信息知情权。信息主体有被告知其个人信息被收集处理及与数据控制者身份有关的信息的权利。任何信息主体有权向信息持有者了解自己的个人信息是否被储存、储存的内容和被传播的地点，并有权查看和提取。（2）个人信息使用权。信息主体有权决定如何使用这些信息，包括对个人信息的公开、修改、删除等。个人信息的隐私权可以放弃。但是，放弃必须完全自主，并在主体、时间、空间上有严格限制。（3）个人信息安全权。数据主体享有个人信息不被他人窥视、非法收集、公开、虚假曝光、篡改的权利。

（二）信息隐私权法律规定

《中华人民共和国个人信息保护法》已经生效，对经济生活的方方面面都有着重要影响。《中华人民共和国个人信息保护法》赋予执法部门张弛有度的处罚权限，减少以往违法成本过低等难题，有关部门未来应善用这把法律利剑,对于典型案例从重从快查处,甚至可以参照近年来依据《中华人民共和国反垄断法》处罚的案例,对情节严重的企业处以"天价罚款"及其他重责手段,建立执法高压线,不让企业存侥幸之心。

《中华人民共和国个人信息保护法》第十条规定:"任何组织、个人不得非法收集、使用、加工、传输他人个人信息,不得非法买卖、提供或者公开他人个人信息;不得从事危害国家安全、公共利益的个人信息处理活动"。第六十六条规定:"违反本法规定处理个人信息,或者处理个人信息未履行本法规定的个人信息保护义务的,由履行个人信息保护职责的部门责令改正,给予警告,没收违法所得,对违法处理个人信息的应用程序,责令暂停或者终止提供服务;拒不改正的,并处一百万元以下罚款;对直接负责的主管人员和其他直接责任人员处一万元以上十万元以下罚款。有前款规定的违法行为,情节严重的,由省级以上履行个人信息保护职责的部门责令改正,没收违法所得,并处五千万元以下或者上一年度营业额百分之五以下罚款,并可以责令暂停相关业务或者停业整顿、通报有关主管部门吊销相关业务许可或者吊销营业执照;对直接负责的主管人员和其他直接责任人员处十万元以上一百万元以下罚款,并可以决定禁止其在一定期限内担任相关企业的董事、监事、高级管理人员和个人信息保护负责人"。第六十九条规定:"处理个人信息侵害个人信息权益造成损害,个人信息处理者不能证明自己没有过错的,应当承担损害赔偿等侵权责任。前款规定的损害赔偿责任按照个人因此受到的损失或者个人信息处理者因此获得的利益确定;个人因此受到的损失和个人信息处理者因此获得的利益难以确定的,根据实际情况确定赔偿数额"。第七十条规定:"个人信息处理者违反本法规定处理个人信息,侵害众多个人的权益的,人民检察院、法律规定的消费者组织和由国家网信部门确定的组织可以依法向人民法院提起诉讼"。

从上述规定可知,《中华人民共和国个人信息保护法》对信息隐私保护较为严格,对违反《中华人民共和国个人信息保护法》的行为给予严重的处罚,并规定了过错赔偿责任。

四、网络安全与法律

(一)网络安全概述

网络安全指网络系统的硬件、软件及其系统中的数据应受到保护,不因偶然的或者恶意的原因而遭受破坏、更改、泄露,系统可以连续可靠正常地运行,网络服务不中断。网络安全具有保密性、完整性、可用性、可控性、可审查性等特性。网络安全事关国家网络空间主权和国家安全、社会公共利益,以及公民、法人和其他组织的权益。全球每年黑客入侵网络事件层出不穷,不仅有黑客的攻击,还有某些国家针对其他国家的网络攻击,比如美国针对伊朗核试验进行的网络攻击。

元宇宙的虚拟镜像建立在网络之上,其交互界面及有关的数据储存仍将建立在互联网之上,因此存在网络安全的风险。同时,其经济系统构建在区块链之上,而区块链同样存在隐私泄露问题以及网络安全问题。区块链还面临众多外部安全威胁——主要是针对算法、协议、实现、应用以及系统等层面的破坏、更改和泄露，具体体现在区块链数据的完整性、不可否认性、匿名性、隐私保护等方面。虽然区块链自身具有较完善的安全体系，但也存在着不少机制上的缺陷。区块链的安全性高度依赖共识机制，但当前的主流公有链平台（如比特币、以太坊等）的共识机制多是基于算力实现的。区块链用户账号的安全风险主要来自去中心化机制带来的弊端。因此，区块链系统需要多种安全技术来保障。"在安全性方面，如果攻击者能够控制全部数据节点的51%，就可以对网络数据进行修改，即所谓的'51%攻击'。"不过，控制全部数据节点的51%以上是较难做到的。区块链技术还不够成熟，在面对新的复杂的应用场景时更易出现安全风险。由于区块链技术不可逆的特点，出现网络漏洞的风险比常规互联网应用的风险更大。

（二）网络安全法律

《中华人民共和国网络安全法》已经公布和施行，不仅从法律上保障了广大人民群众在网络空间的利益，有效维护了国家网络空间主权和安全，而且还有利于信息技术的应用，有利于发挥互联网的巨大潜力。

在《中华人民共和国网络安全法》中设立关键信息基础设施保护制度的目的是确保涉及国家安全、国计民生、公共利益的信息系统和设施的安全，与等级保护制度相比，该制度所涉及的范围相对较小。从各国的情况看，明确关键信息基础设施的具体范围相当复杂，是一个在实践中不断完善、不断调整的过程。目前国家互联网信息办公室正会同有关部门按照《中华人民共和国网络安全法》的要求，抓紧研究制定相关指导性文件和标准，指导相关行业领域明确关键信息基础设施的具体范围。

《中华人民共和国网络安全法》关于数据境内留存和出境评估的规定，不是要阻止数据跨境流动，更不是要限制国际贸易。其目的在于促进数据依法有序、自由地跨境流动，充分保障个人信息安全和国家网络安全。

为了配合《中华人民共和国网络安全法》落地，国家互联网信息办公室会同有关部门颁布了《网络产品和服务安全审查办法（试行）》，对可能影响国家安全的网络产品和服务进行安全审查，其目的是提高网络产品和服务的安全可控水平，防范供应链安全风险，维护国家安全和公共利益。安全审查的重点是产品和服务的安全性、可控性，包括产品被非法控制、干扰和中断运行的风险，产品提供者非法收集用户信息的风险等。

《中华人民共和国网络安全法》提出要推广安全可信的网络产品和服务，安全可信与自主可控、安全可控一样，至少包括以下三个方面：一是保障用户对数据可控，产品或服务提供者不应该利用提供产品或服务的便利条件非法获取用户重要数据，损害用户对自己数据的控制权；二是保障用户对系统可控，产品或服务提供者不应通过网络非法控制和操纵用户设备，损害用户对自己所拥有、使用设备和系统的控制权；三是保障用户的选择权，产品和服务提供者不应利用用户对其产品和服务的依赖性，限制用户选择使用其他产品和服务，或停止提供合理的安全技术支持，迫使用户更新换代，损害用户的网络安全和利益。

第三篇

元宇宙伦理

第十一章　未来技术伦理

一、脑机接口伦理

2017年3月，埃隆·马斯克（Elon Musk）的脑机接口公司Neuralink（意为"神经联结"）成立，该公司试图将人的大脑与计算机直接连接起来，使用脑机接口（brain-computer interface，BCI）技术实现通过想象来控制外部世界的物体，甚至以此来增强人类的能力。与人体相关的科技发展必然伴随着重要的伦理问题。而脑机接口技术直接涉及人类最核心的器官——大脑，所带来的伦理冲击更加显著。

（一）脑机接口技术概述

1963年，英国Grey Walter医生将电极插入癫痫病人的大脑中，实现了病人通过意念控制幻灯片播放。在当时听起来匪夷所思的意念控制，其实就是通过植入电极采集人类进行认知活动时大脑神经细胞所释放的电信号，并用这种电信号来指导外部设备工作。除了植入电极外，脑电（EEG）和脑磁（MEG）等技术也可以直接记录电信号活动。此外，还可以通过功能磁共振（fMRI）和功能近红外光谱（fNIRS）等技术记录大脑的血氧反应信号。研究者基于大脑信息编码和加工理论，运用各类信号处理方法与机器学习算法对神经活动进行解码，从大脑复杂信号中"读出"其对应的心理认知活动并加以利用。随着近几十年神经科学、信号检测、模式识别技术的快速发展，以及神经活动记录设备、信号处理设备等硬件设施性能的提升，脑机接口技术不仅在精度上有了很大提高，应用范围也日益扩大，成果越来越令人瞩目。

20世纪90年代，神经科学家菲尔·肯尼迪（Phil Kennedy）曾研发"侵入式"脑电脑机接口，让一位严重瘫痪的病人学会了用大脑控制电脑光标以打字"发声"，当时整个科学界为之一振，许多媒体还称他为"半机器人之父"。2007年，Naito等也发展了基于功能近外红外充谱技术的脑机接口系统，这项研究以闭锁综合征患者为研究对象，通过回答"是""否"来实现沟通交流：回答"是"时增强前额叶活动（如心算），而回答"否"时则减少前额叶活动（如数数）。通过检测和分析前额叶的活动水平来推测患者的答案，平均正确率可达80%。在健康被试者身上，这种方法也同样有效。

在脑机接口技术的帮助下，重度运动障碍患者可以通过意念控制机械臂活动，以实现运动或者一些复杂的行为。其中最引人瞩目的成果是由著名神经生物学教授Miguel Nicolelis带领的团队开发的机械外骨骼，让一名高位截瘫患者在2014年的巴西世界杯足球赛开幕式上为世界杯开出第一球。康奈尔大学Burget等也将脑机接口技术与自主服务机器人结合，以帮助瘫痪病人提高生活便利程度。

Graeme Clark、Ingeborg Hochmair和Blake Wilson发明了人工耳蜗，帮助患者重获听觉，并于2013年获得Lasker-DeBakey临床医学研究奖。2008年4月22日，伦敦Moorfields眼科医院施行了

一项人造视网膜移植手术，使两位失明患者重获光明，并成功辨认出简单物体。2017年，斯坦福大学神经学家Chichilnisky提出了仿视网膜神经节细胞的设想，革新"智能假体"。除了感知觉器官外，2016年南加利福尼亚大学神经工程研究中心主任Ted Berger率领的研究小组，在老鼠和灵长类动物身上进行了初步的人工海马体试验，希望在未来可为海马体受损的个体恢复记忆提供帮助。

相较于传统的依据被试者的行为和身体生理活动作为反馈的训练，神经反馈训练采用脑机接口设备实时监控大脑活动，并实时调整训练方案，对学习者进行及时提醒，让个体根据大脑活动状态实现自我调节。2015年，耶鲁大学Turk-Browne实验室采用神经反馈训练，一旦发现被试者出现注意力分散的情况，则随之提升训练难度，训练后被试者注意力保持的水平得到显著提升。麻省理工学院Gabrieli实验室通过功能磁共振技术实时监控学习者的大脑状态，发现在好的学习状态下给他们呈现学习材料，可以有效提高学习的效果。时间精度更高的颅内脑电信号也可作为神经反馈训练的有效指标。

随着脑机接口技术的发展，相关的应用已经越来越广泛。2013年，美国启动规模庞大的"推进创新神经技术脑研究计划"，其目标是实现记录大脑每一个神经元每一次冲动的传导，以精确刻画出大脑活动。另外，光遗传、电刺激、磁刺激和超声波刺激等技术不断成熟，可以实现更精准的大脑刺激和调控。相信脑机接口领域会随之呈现加速度发展的趋势。

目前，脑机接口技术最显著的应用是用于癫痫病人、瘫痪病人等的康复。未来最具想象力的应用则是将其用于普通人的大脑提升,通过脑机接口技术直接为大脑输入相关记忆、知识等信息,从而使人快速掌握某种知识与技能。此外,脑机接口技术有望替代XR技术成为元宇宙的入口硬件,如果能够实现,将极大地模糊或淡化现实世界与虚拟世界之间的界限。

(二)脑机接口技术的伦理学问题

自脑机接口技术出现起,伦理问题便随之而来。因为不同于其他技术,脑机接口技术是被直接用于人的大脑的,涉及一系列伦理问题。特别是随着这一领域的加速发展,它带来的伦理问题就显得更为突出和重要,这也得到了学界的广泛关注。2002年,美国科学促进会(AAAS)、*Neuron* 杂志、斯坦福大学等机构举办了一系列重要会议,聚集了众多神经科学家和伦理学家,以共同讨论神经伦理问题。其中最后一次会议影响巨大,会议相关成果集结成书 *Neuroethics: Mapping the Field*。2006年,国际神经伦理学学会成立。2008年,*Neuroethics* 杂志创刊。2009年,两篇针对脑机接口的神经伦理学开创性文章发表在 *Neural Networks* 和 *Neuroethics* 上。2017年,包括医生、伦理学家、神经科学家和计算机科学家等在内的20多位研究者联名在《自然》(*Nature*)上发表文章 *Four Ethical Priorities for Neurotechnologies and AI*,呼吁加强对神经科学伦理的关注。主要涉及如下八个方面的伦理问题[①]。

第一,安全风险。

脑机接口的首要问题是安全问题。若采用侵入式设备,将电极

---

① 参见北京师范大学硕士研究生李佩瑄、北京师范大学教授薛贵于2018年7月13日发表在科技导报上的《脑机接口的伦理问题及对策》一文

植入颅腔内脑皮层中，收集到的信号质量更高，定位更加准确，如菲尔·肯尼迪当时收集数据所用的就是侵入式电极信号，这比用非侵入式脑电设备，如利用皮层脑电 P300 信号响应获取信号来解析，更能精确有效地实现交流。还有一些技术比如人工器官，则是需要使用侵入式技术才可以实现相应功能。但侵入式设备对个体意味着较大的创伤和更高的风险。电极在植入大脑的过程中可能会对大脑组织造成局部机械损伤。这涉及技术、医学伦理问题。

第二，知情同意问题。

知情同意指病人或者研究对象允许专业人士对其采取医疗措施，或将其纳入研究项目中。这意味着双方需要就决策本质、干预措施的合理选择，每种选择相应的风险、利益和不确定性等进行讨论，同时评估研究对象的理解程度和对干预的接受程度。脑机接口知情同意问题是损伤认知的疾病和脆弱的参与者的结合，更要求对风险和利益、知情同意的过程进行仔细而谨慎的评估，这一方面仍需要进行相关研究和制定相应保障措施。

对于正常人而言，征求其同意是可行的，但对于患有脑疾病的人，如何征求其同意，是征求其本人还是其监护人的同意，是需要思考的问题。

第三，准确性风险。

由于大脑中信号庞杂纷扰，从中提取信号并解析信号的技术仍有待发展，对于信息的准确性尚无可靠评定。另外，大脑与行为之间的关系也非常复杂，大脑的多种信号共同决定一个行为，而这些信号与行为的对应关系还没有被完全、清楚地认识，贸然解读会带来很多潜在风险。究竟大脑中有哪些相关信号共同决定了行为的产生，信号怎样组合才可以最真实、最准确地代表个体决定将采取的行动，这些都是需要研究者进一步探究。在没有探究清楚的情况下，无论技术如何发展，都难以避免错误的出现。准确性问题在大数据个性化预测中同样非常关键，特别是在犯罪意图等的判断上，错误的判断会带来严重的后果。更重要的问题在于，如果是人产生的错误，无论有意无意，都需要承担相关后果；但如果是脑机接口产生的错误，这样的责任由谁来承担？如果纯粹是因脑机口设备出错而造成损失，可以明确界定由生产企业来负责；但脑机接口工作时一方面需要使用者本身发出大脑信号，另一方面还要使用设备内设的算法对大脑信号进行解析，所以很多时候可能难以分辨究竟是大脑指令本身的原因，还是脑机接口设备的错误，这就会引发重要的法律问题。

第四，自由意志问题。

脑机接口技术是否应该违背人的自由意志，在特定情况下存在伦理问题。比如脑机接口系统若可以在人产生不好的念头时准确读出人的种种意图，那么系统该如何反应才能实现安全和自由意志的统一？脑机接口设备是否应该具备对人类意图的"自动报警"甚至"自动纠错"功能？若脑机接口的"自动纠错"安全阈限未能成功阻止灾难，脑机接口生产厂家是否应该承担责任？若成功制止，使用者的自由意志是否受到威胁？除了人和脑机接口在对自由意志控制权的争夺外，也涉及别人和自己对自由意志的争夺。法律规定不能在违背当事人意愿的情况下强迫其做一件事情，但在某些情况下，他人可以代替当事人做出决定，例如在人失去意识的情况下对其进行治疗。另外，是否违背了自由意志的界定会受到干预措施对人的自由造成的影响的左右（短暂地限制自由更容易接受），还取决于干预措施所带来的后果（很大的改变则不容易接受）。所有这些都会影响到谁有权让另外一个人使用脑机接口的设备，以及决定在脑机接口中实现什么样的功能。此外，脑机接口还会涉及更深层的自由意志问题，例如在无意识状态下改变个体的行为和决策。

第五，对合理性的界定问题。

提高个体能力和身心状况是社会和个体活动的一个重要目的。但人们在发明、选择和使用某个能力提升手段时，会判断该手段的合理性。脑机接口技术的一个重要功能是增强认知能力，该技术是否合理值得探讨。大多数人希望自己或者和自己利益相关的人的认知能力更强，并采取相应的措施。脑机接口原本是为了代偿脑损伤导致的部分脑功能缺失，而未来可能会出现一系列所谓"增强"的设备，对其合理性的界定需要深入研究。

第六，身份认同和自我同一性问题。

由于脑机接口的对象是人的大脑，它能够直接改变人类最核心的部分，包括认知能力、人格特征乃至自我概念，这种变化可能会带来非常深刻的身份认同和自我同一性的问题。由于人的身份和自我概念是长期形成并相对稳定的，变化也相对缓慢，有着延续性和同一性，而这种缓慢规律一旦被脑机接口治疗打破，改变太快、太大都会造成自我同一性的混乱，反而带来负面影响。更重要的是，脑机接口还会由于归因问题，损伤自我同一性，干扰人们对自我身份的认同感，动摇自我本质和个人责任的核心假设。会对"我是谁"倍感疑惑，开始怀疑自己与其他人交往的方式到底是自己控制的，还是自己所佩戴的设备实现的。这种深层次的自我同一性混乱会带来很多的困惑,从而产生更深层次的情绪困扰。

第七,隐私问题。

基于脑机接口的数据特性,神经信号携带了丰富的个人信息。我们有理由相信,随着数据的累积,它对个人特性的描述会更加全面、准确和深入。有关大脑的数据涉及个人最为核心的隐私,关乎精神内容。保护大脑数据的隐私和完整性就是保护最有价值和不可侵犯的人权。因此在发展相关技术的同时,需要非常关注这些数据的使用以对用户的个人隐私进行保护。

第八,公平问题。

公平和平等是一个社会的核心问题。虽然不公平和不平等在一个社会中存在,也被社会所接受,但脑机接口技术所带来的公平和平等问题更值得深思。随着脑机接口技术和认知增强技术的发展,个体的认知能力会随着这些技术的应用发生显著的变化,其所带来的不公平性问题就会凸显。如果这样的技术由于价格、技术控制、市场管控等原因,只能被少数人所使用,则会让现在看似公平的制度变得非常不公平,加剧了人与人之间的不平等。这种少数人独占认知增强技术所带来的认知能力的不平等会带来更加深层的社会鸿沟,并有可能进一步加剧社会的不平等性。

(三)AI 伦理

2018 年 5 月 26 日,李彦宏在贵阳举办的中国国际大数据产业博览会上首次提出了 AI 伦理四原则。

第一,AI 的最高原则是安全可控。

比如,一辆自动驾驶汽车如果被黑客攻击了,它就有可能变成一个杀人武器,这是绝对不允许的,我们一定要让它是安全、可控的。

第二,AI 的创新愿景是促进人类更平等地获取技术和能力。

需要认真思考如何在新的时代让所有的企业、所有的人能够平等地获取 AI 的技术和能力,防止在 AI 时代技术的不平等导致人们在生活、工作等各个方面变得越来越不平等。

第三,AI 存在的价值是教人学习、让人成长,而非超越人、替代人。

AI 做出来的很多东西不应该仅仅是简单地模仿人,也不应该是迎合人的喜好。我们希望通过 AI,通过个性化推荐,教人学习,帮助每一个用户变得更好。

第四,AI 的终极理想是为人类带来更多的自由与可能。

因为人工智能的存在,劳动不再只是人们谋生的手段,而是更多地成为个人自由意志下的一种需求。你想去创新,你想去创造,所以你才去工作,这是 AI 的终极理想——为人类带来更多自由和可能。

目前,人工智能可能带来的伦理问题主要体现在两个方面:一方面,当人工智能具备了超越机器的属性,愈加类似于人的时候,人类是否应当给予其一定的"人权"?另一方面,人工智能正逐步在某些社会生产、生活领域替代人类,那么其在生产生活中造成的过错应当如何解决?针对这些情况,如何基于伦理视角引导人工智能服务于人类,已经成为人工智能发展必然要面对的问题。据有关信息报道,美国与欧洲在 2021 年曾经面临一个人工智能是否可以作为专利申请人的问题。最后,美欧都持否定态度。

美国学者雷·库兹韦尔（Ray Kurzweil）在《如何创造思维》（*How to Create a Mind*）一书中提出，至21世纪30年代，人类将有能力制造出极为智能的机器人，它能够与人类产生一定程度的情感联系，并具备自我意识。因此，当前人类应加快讨论可能出现的伦理问题，即若高智能机器人诞生，有了自我意识，人类是应当遏制其进一步成长，还是应给予其"人权"。一些专家认为，赋予人工智能"人权"是对人工智能的放纵，将对人类的生命安全造成威胁。持相反观点者则认为，人类有能力开发出符合人类道德的人工智能产品，因此可以给予人工智能部分基础的"人权"。当人工智能取代了部分医疗人员的岗位，出现误诊时，人们应当向谁追责？是医疗机器人的使用方，还是生产方，抑或是其本身？实际上，这并非远离人类当前生活的问题，在测试阶段事故频发的自动驾驶汽车已然将这一问题推到了人类面前。类似的伦理冲突实例还有很多，随着人工智能技术深入参与人类生活，如何规避人工智能带来的伦理问题，已经成为人工智能和机器人产业发展无法回避的重要问题。

对于人工智能涉及的伦理问题，李开复在2018年冬季达沃斯论坛同与会者的讨论主要集中在以下几个方面。

第一是安全。如果人工智能并不安全，例如自动驾驶汽车成为武器，人类应该如何应对？李开复说，人工智能的安全问题目前尚待解决。

第二是隐私。由于人工智能的发展需要大量人类数据作为"助推剂"，因此人类隐私可能暴露在人工智能之下。李开复说，热议的话题之一是，很多欧洲人和英国人认为应该重写互联网规则，以"让每个人拥有掌控自己数据的权利"。

第三是偏见。人工智能将最大限度地减少技术流程中偶然性的人为因素，在这种情况下，某些拥有共同特征的人，例如某一种族或年龄段的人，可能会面临算法歧视。这里存在一个悖论：如果为了所谓的"平等"而剔除所有直接或间接能够将人与人区分开来的因素，人工智能也就失去了工作的基础。

第四是人工智能是否会取代人类工作的问题。与会者的讨论已经从有多少工作将被取代，深入到究竟哪些工作能被取代。这位人工智能科学家说，各种研究机构大概同意：未来10—15年，将有40%—50%的任务可以被人工智能取代——不代表人工智能将足够便宜，也不代表每家公司都有足够的远见来采购技术，但人工智能是存在这种能力的。

第五是贫富不均的问题。当人工智能逐步取代部分人的工作时，被取代者不仅面临收入下降的问题，还可能失去了人生的意义，从而可能出现"陷入毒瘾、酒瘾、游戏瘾，甚至虚拟现实瘾"等情况，也可能自杀欲望变强。可能的解决方案包括：用重新分配的方式来解决相对不平等的问题；另外也需要帮助人们找到更多的生活意义——成就感可能并不来自工作，可能来自绘画、摄影等享受人生的方式上。笔者认为，元宇宙就是为此而生，帮助人类在虚拟世界中寻找意义。这样人类就可以在真实的物质世界（现实世界）、内心精神世界及人工世界（人工智能与元宇宙虚拟世界）中寻找意义、价值及归宿。

2019年7月，腾讯研究院和腾讯人工智能实验室（Tecent AI Lab）联合发布了人工智能伦理报告《智能时代的技术伦理观——重塑数字社会的信任》。腾讯研究院和腾讯 AI Lab 联合研究形成了这份人工智能伦理报告《智能时代的技术伦理观——重塑数字社会的信任》，认为在"科技向善"理念之下，需要倡导面向人工智能的新的技术伦理观，该伦理观包含三个层面：技术信任，人工智能等新技术需要价值引导，做到可用、可靠、可知、可控（"四可"）；个体幸福，确保人人都有追求数字福祉、幸福工作的权利，在人机共生的智能社会实现个体向更自由、更聪明、更幸福的方向发展；社会可持续，践行"科技向善"，发挥好人工智能等新技术的巨大"向善"潜力，善用技术塑造健康、包容、可持续的智慧社会，持续推动经济发展和社会进步。

我国新一代人工智能治理原则——《新一代人工智能发展规划》于2017年7月20日发布，旨在将伦理道德融入人工智能全生命周期，促进公平、公正、和谐、安全，避免偏见、歧视、隐私和信息泄露等问题。提出和谐友好、公平公正、包容共享、尊重隐私、安全可控、共担责任、开放协作、敏捷治理八项原则，以发展负责任的人工智能。

二、大数据伦理

电子科技大学教授周涛认为，大数据伦理的核心是要解决两个方面的问题：第一方面就是大数据的导向性问题。我们整个人类社会发展，它有一个应有之意，即我们怎样让人类命运共同体发展得越来越好？如果我们使用不当就是导向性不对。第二方面就是大数据的边界问题。即什么是我们应该做的，什么是我们不应该做的。所以首先是解决价值观导向问题，然后解决边界问题，其他问题也重要，但是这两个问题尤其重要。

根据目前业内的共识，与大数据技术相关的伦理问题主要包括以下几个方面：

第一，隐私问题。个人身份信息、行为信息、位置信息，甚至信仰、思想、情感和社会关系等隐私信息，均可被记录、存储并呈现。在现代社会，人们很容易就能接触到智能设备，每时每刻都被智能设备生成数据并被记录下来。如果任由网络信息平台运营商收集、存储、兜售用户提供的数据，个人隐私权将无从谈起。

第二，信息安全问题。由于部分智能科技及网络平台本身存在安全漏洞，可能会导致信息外泄、伪造或失真等问题，信息安全受到威胁。

第三，大数据使用的失范与误导。如大数据使用的权责问题、相关企业信息网络技术产品法律责任问题以及高科技犯罪活动等，也是信息安全问题衍生的伦理问题。

第四，数据鸿沟问题。一部分人能够较好占有并利用大数据获取经济利益，而另一部分人则难以占有和利用大数据技术资源，造成数据鸿沟。数据鸿沟将导致信息红利分配不公，加剧了贫富差距。

此外，也有专家认为大数据可能会从如下三方面带来伦理挑战。

第一是数据中立性问题。

第二是数据时效性问题。

第三是由谁来制定大数据的伦理准则。

学术界普遍认为，针对大数据技术可能造成的伦理问题，应建立相应的伦理道德原则,具体如下。

第一是无害性原则(人本原则),即大数据技术发展应坚持以人为本,服务于人类社会健康发展和人民生活质量提高。

第二是权责统一原则,即谁收集谁负责,谁使用谁负责。

第三是尊重自主原则,即数据的存储、删除、使用、知情等权利应充分赋予数据生产者。现实生活中,除了遵循这些伦理原则,还应采取必要措施,消除大数据异化引起的伦理风险。

在贯彻上述伦理原则时,需要从立法、监管上做好系统规制,具体如下。

首先,加强技术创新和技术控制。

其次,建立健全监管机制。

最后,培育开放共享理念。

三、VR 伦理

VR、AR、MR 等 XR 技术是元宇宙重要的感知技术,是连接现实世界与虚拟世界的重要工具,是进入元宇宙的重要入口。同时,VR 也是存在伦理问题最多的一项技术。在 VR 技术的推动下,任何潜在的伦理问题都有可能成为社会问题。除了网络游戏本身存在的伦理问题之外,VR 的沉浸感将带来更多伦理问题。比如,VR 成人电影所带来的色情沉迷伦理问题,失去现实伴侣的伦理问题,再比如,虚拟世界中性骚扰问题,是否存在虚拟世界犯罪问题等。大致梳理一下，VR可能存在如下10类伦理问题[①]。

第一，注意力分散。由于感官和注意力都沉浸在VR世界里，用户很容易在现实生活中发生意外，或者可能被别人入室行窃了都不知晓。

第二，社会隔离。关于VR是否会把人从社会中隔离出来的争论从未间断。一方面，整个体验是用户独自一人的享受，并不包括其他人。但是另一方面，Meta等公司开发出了Spaces这样的公共会议场所，帮助VR用户在虚拟社交环境中互动。后者可以用于帮助内向和孤独人群（如老年人）与他人社交，但也可能会助长人们对现实互动的消极态度。Spaces这样的应用最终是否会"隔绝"用户，让他们忽视现实世界中的社交活动？研究表明，现有的社交媒体已经使许多人感到孤独、内疚和沮丧。其他研究表明，真正的面对面交流才是维持良好心理健康的关键。所以，用VR代替面对面交流，存在伦理问题。

第三，情感麻木。经常沉浸在VR环境中会导致一些用户在现实世界中变得麻木。确实，VR已经被用于降低人们的情感敏感度和治疗战争等活动造成的恐惧症。然而，如果缺乏监督，情感麻木可能会变成一种危险，使用户渐渐习惯VR游戏中的暴力行为。

第四，高估自己的能力。与情感麻木差不多，某些用户可能会误以为自己在虚拟世界中的能力可以保留到现实世界。例如，儿童可能会认为，自己在现实中也能走钢丝等。实际上，斯坦福大学最近的一项研究表明，儿童往往无法区分自己在现实生活和VR场景

[①] 参见北京冠游时空数码技术有限公司于2018年1月8日发布的《黑镜第四季引发思考：VR技术可能会带来的十大伦理道德问题》一文

中的能力，他们会把游戏中扮演的角色当作真实的自己，把与虎鲸游泳的经历误以为是真实的事件。

第五，诱发精神问题。对于某些用户来说，还有一些更严重、更危险的心理影响。神经科学和人类意识专家提出了"人格解体"（depersonalization）的问题。这个问题会导致人们认为自己就是一个游戏角色。此外，VR可能会刺激某些用户的精神敏感处，从而导致精神病发作。VR游戏可能会让用户在现实生活中患上创伤后应激障碍。

第六，龌龊的幻想。对VR充满兴趣的行业中，必定少不了色情业［预计2025年，该行业将成为继游戏和NFL（橄榄球联盟）之后的第三大VR行业］。成人娱乐网站Pornhub曾发表报告称，自2016年上线以来，VR色情内容的观看率上升225%。我们必须思考如何限制那些包含性侵犯、恋童癖等内容或其他更反常的VR色情作品。

第七，虚拟酷刑/犯罪。德国哲学家Thomas Metzinger等人曾谈到，VR头显可能会被军方用作一种"道德"刑具，替代传统的审讯酷刑。无论这是否会成为事实，我们都必须注意到虚拟场景中其他用户所带来的生理上或者心理上的痛苦、伤害、暴力和创伤。此外，哪些虚拟行为才算是犯罪行为？

第八，引诱"剁手"。有了VR，广告商便有机会霸占我们整个VR环境（一些心理学家认为，这样他们就可以控制消费者的行为），收益机会也会大大增加。整个场景都是他们的广告。不少人认为，各种全新的、隐蔽的策略也会随之而来，包括产品摆放、品牌整合和潜意识广告等。

第九，肆无忌惮地环游世界。我们可能需要探讨，哪些地方是适合旅游或适合创建成虚拟场景的？我能不能进入偶像的公寓（很多粉丝都会觉得这挺不错的吧）？能不能在某条城市街道上通过窗户偷看别人的家？这些问题的回答也许非常明显，但我们不能保证所有用户和开发者都明白这种伦理界限。

第十，隐私和数据。最后，我们越是"融入"虚拟世界，我们就越有可能"失去自己"，因为越来越多的隐私问题也会随之而来。德国研究人员也提出了类似的担忧：如果我们的 VR 游戏角色可以真实反映我们在现实世界中的动作和手势，那么不怀好意的人就可以跟踪、读取和利用我们的"运动倾向"和"动能指纹"。所以，对于虚拟活动中哪些东西是可以收集的，哪些是禁止读取的，需要加以规范。

四、算法伦理

数据、算力与算法是数字智能时代最重要的三大要素。算法背后是统计学和数学模型，既然是算法，其模型设计就取决于设计者的目的与价值观。对于算法伦理，大家反应最强烈的是算法推荐中的算法歧视、算法杀熟等。此外，还存在算法黑箱、算法独裁及算法垄断等问题。算法伦理已成为新科技中重要的伦理问题。算法的运算对象逐渐由物变成了人，其内在的价值属性逐渐显现，对其进行伦理规范的需求也变得迫切起来。主要问题如下：

第一，算法歧视。当人成为算法的运算对象时，算法会把人作为获取利润或达到其他"理性"目的的分析对象，人在这个过程中会被打上标签"分拣"。算法的歧视有其隐蔽性，因为"算法黑箱"并不会向外界公布，而且即使公布了也并不能让大多数人看懂。由于提供的商品和服务个性化越来越强，被算法施加影响的不同个体之间，也不容易通过对比发现问题。因此，会出现所购手机品牌、历史购买频次、居住区域等变量不同的用户，在购买同样的服务和商品时显示的价格不同，甚至通过显示"售罄"等方式拒绝为特定用户服务的情况。除消费歧视外，算法的歧视还会导致并加剧社会不公平现象，即使这种不公平的影响可能并不会在当下体现或者被发现。有一点更需要我们警觉：算法并不总是能够向着其设计者希望的方向运行。随着机器学习能力的不断强化，其筛选标准会变得越来越复杂。但不论标准如何，我们都不可能寄希望于机器能够用人类的价值观识别并处理数据——这会让未来深度依赖算法的世界充满晦暗不明的价值虚无主义。

第二，算法控制。互联网企业，尤其是大型平台公司的经营逻辑十分重视活跃用户数量、商品交易总额等数据，这使得提升用户黏性、获取用户数据画像成为算法设计的重要目标。一是强化已有的社会控制。如通过办公信息系统、通信软件和流程管理软件将员工全天候链接在一起，以提升生产效率。现在互联网平台公司也在逐步介入公共服务，帮助行政部门提升管理效率。比如，现在常用的防疫软件、公共发布平台、公共费用缴纳系统等就是由互联网平台公司开发的。二是创造新的控制系统。这主要是为了发掘人类的自然需求，并用更高的效率放大该需求以让人们产生路径依赖。这类需求包括社交、消费、学习、信息检索、导航定位、影视及游戏娱乐等。其中甚至不少是用亏损来满足人们的需求。用户在大型互联网平台公司面前处于实质上的权力弱势地位，存在由于被深度嵌入产业环节而产生一种隐形的不自由。关于此类技术的伦理问题的讨论，已越发重要和必要。

第三，算法投喂。当前以"投其所好"为原则的算法，大大提高了用户信息茧房"作茧自缚"的概率。人们想象中的多元融合往往没有出现，反而出现了更多的极化现象。生命伦理学家祁斯特拉姆·恩格尔哈特（H. Tristram Engelhardt）在《生命伦理学的基础》一书中提出了"道德异乡人"的概念，道德异乡人是指那些持有和我们不同的道德前提的人，他们生活在不同的道德共同体中，在与他们合作时会存在基础的价值取向冲突，包括但不限于对程序的适用、对善的理解、对正义的分配等，从而会导致对话困难。

第四，算法杀熟。如今，随着数据竞争日趋白热化，"大数据杀熟"也迭代升级，"杀熟"引发的数据风险越发引人关注。杀熟一代，大多是卖高价给老客户；杀熟二代，则是个性化推送下的精确杀熟。相较于以往显而易见的差异化定价，如今消费者在下单时，会收到复杂算法临时生成的各类优惠券、价格组合。实际上，不同账号的价格差异其实比以前更大。并且，杀熟二代中的"熟"，已经不是"熟客"，而是被平台充分掌握个人信息的"熟人"。基于算法的个性化推送会打造过滤气泡和信息茧房，这些产品匹配则将剥夺消费者依法享有的选择权。隐私信息丢了，公平交易的权益没了，消费者就此成为平台算法的"掌中之物"。

面对算法发展导致的各类现实问题，我们在设计算法时要严守非歧视性、用户的非物质性、个人选择权的不可剥夺性这三条原则。

第一条原则，非歧视性原则，即不能根据"用户画像"的不同而实行差别化待遇，该原则体现的是平等的价值。

第二条原则，用户的非物质性原则，即算法应尊重用户作为人的主体性，不能对其简单地进行"物化"或"数据化"。

第三条原则，个人选择权的不可剥夺性原则。该原则是指要保障人自主获取信息的权利，这是对人类探索精神的尊重和保护。我们不能仅用算法来判断人们的需求和偏好，精准的"个性化匹配"应有更多的伦理考量。

五、数字孪生伦理

数字孪生集算法之大成，然而，随着数字孪生与社会生产生活的联系越发紧密，数字孪生底层算法黑箱的问题也越发凸显。在数字孪生系统的分层体系下，通过算法黑箱将模型和数据封装于交互界面之后是一种常见的工程模式，在化简技术复杂性的同时也导致"规则隔音"现象日益严重。如何在数字孪生的发展中规避这一技术弱势，是数字孪生走向未来的必经之路。

在最初的农业社会里，人们往往通过占卜来进行决策，宗教是人类在不确定性的环境中进行选择的依靠。面对一触即发的部落战争、出征前对战争结果的未知，部落首领、诸侯国王们求助龟壳裂纹、星象占卜，以预测各种重大事件的走向，指导重大决策。人类对科学认知的进步为人类社会带来了科学的决策。比如，决定火箭的发射，就需要计算发射窗口期，要计算月球跟地球的距离，要预测未来天气的变化；选择飞机的外形和材料，就需要基于风洞试验等空气动力学规律,所有的这些都是基于科学的决策。时至信息时代,智能技术的发展和成熟为人们的决策带来了新的选择——算法。根据数据,算法能够对未来(明天、后天)风机的风力发电量进行准确预测;算法能够帮助美国 Uptake 公司对卡特彼勒工程机械运行状态进行预估,实现产品全生命周期的服务;算法能够为新零售企业盒马鲜生当天新鲜产品的选品进行决策;算法能够为不同的用户打造千人千面的主页。

集算法大成的技术则非数字孪生莫属。数字孪生发端于美国国家航天航空局(NASA)的阿波罗项目,是现有或将有的物理实体对象的数字模型。数字孪生通过实测、仿真和数据分析来实时感知、诊断、预测物理实体对象的状态,通过优化和指令来调控物理实体对象的行为,通过相关数字模型间的相互学习来进化自身,同时改进利益相关方在物理实体对象生命周期内的决策。相比于设计图纸,数字孪生体最大的特点在于,它是对实体对象的动态仿真。也就是说,数字孪生体是会"动"的。数字孪生体"动"的依据,来自实体对象的物理设计模型、传感器反馈的"数据"以及运行的历史数据。实体对象的实时状态,还有外界环境条件,都会"连接"到"孪生体"上。算法作为数字孪生的基底,是一种全新的认识和改造这个世界的方法论。随着数字孪生与社会生活生产的联系越发紧密,算法对社会产生的影响也更加深刻。建立在大数据和机器深度学习基础上的算法,具备越来越强的自主学习与决策功能。

在人们轻易地享受算法带来的优化决策时,却常常忽略了算法并不必然的客观性和技术的弱点。算法存在的前提就是数据信息,而算法的本质则是对数据信息的获取、占有和处理,在此基础上产生新的数据和信息。简而言之，算法是对数据信息或获取的所有知识进行的改造和再生产。让人焦虑的是，数字空间的运作逻辑——算法却是不透明的。在人工智能深度学习输入的数据和其输出的答案之间，存在人们无法洞悉的"隐层"，它被称为"黑箱"。黑箱便是关于不透明的一个比喻：人们把影响自身权利义务的决策交给了算法，却又无法理解黑箱内的逻辑或其决策机制。

任何技术都很难不受到商业偏好的影响，这使得算法黑箱也往往与"算法独裁""算法垄断"等负面评价绑定在一起。算法的研发和运行作为商业秘密，受到各个企业的保护，资本可以轻易地将自身的利益诉求植入算法，利用技术的"伪中立性"帮助自身实现特定的诉求，实现平台的发展与扩张，追求利益最大化。

算法透明经常被视为解决算法黑箱问题最直接、最有效的方式，并与知情权、行政公开、透明政府等概念具有亲和性。通过对算法黑箱的信息进行披露，包括代码、公式、参数等内部信息，可以缓解公众与算法操控者之间的信息不均衡，抑制权力的恣意。通过法律规制以消解隐忧是数字孪生得以长远发展的另一必然。显然，孪生数据安全的保障有赖于法律–技术双重保障型体系的构建和完善。其中，技术是体系支撑，法律是重要基础。

数字孪生作为一种无缝链接信息物理并使之融合的实用技术，不仅是未来制造业的关键技术，也在越来越多的领域发挥重要的作用。因此，在社会不断探索数字孪生技术应用价值的同时，人们也要积极做好数字孪生技术的风险预警工作，让最优决策有安全保障。由于数字孪生技术是算法的集大成者，所有涉及算法的伦理同样也适用于数字孪生技术。

六、虚拟数字人伦理

　　虚拟数字人在发展的过程中，还有无法避免的伦理问题。人脸识别技术、AI 换脸等技术在落地推广的过程中，都曾出现过这类舆论风险。类人虚拟人也会存在对人物原型的假冒替代等风险，被万众瞩目的代价就是被无数放大镜放大缺陷，进而有滑向深渊的可能。从探索期到成长期，数字虚拟人仍处在初始爬坡期，目前智能化水平比较初级，无法应对复杂的工作环境。距离泛化的应用还有一段"长坡"需要"爬"。但目前在这些窗口的展示中，我们也窥见了虚拟数字人的未来：强大的数据分析与处理能力，多元的身份与顺畅的服务，虚拟数字的世界逐渐丰富与立体。从平面的图文影音，到实时顺畅的 3D 交互，讯息的传播方式不断升级。未来我们也会拥有类似《头号玩家》中的元宇宙"绿洲"：智慧情感等级类人的数字人，复刻数字面具下的真人，提供自然流畅的交互体验，打造真假难以分辨的虚虚实实。

　　根据目前的仿真虚拟数字人应用，如果是逝者的虚拟数字人，则涉及两个伦理问题。其一，逝者的虚拟数字人被创设后，其做出何种行为、说出何种话语皆不能由其"本人"决定，虚拟数字人的所作所为只能由生者控制。虽然我们可以用科技将死者重现在悲伤的人面前，但他们本身是否希望被数字化复活？由谁来控制他们说话做事？他们会不会被操纵来进行逝者生前不同意的行为或对话？这些都是需要认真思考的问题。从道德伦理的角度来看，数字化复活是对死者尊严的一种侵害。更有甚者，前不久某主播为博取关注、吸引流量，将自己至亲的骨灰放到网络上进行售卖，引发社会强烈谴责。我们不得不考虑的是，死者的虚拟数字人同样有可能被用于某些极度违反人伦道德的用途，这不仅是对死者的极不尊重，更是对社会一般公共秩序和善良风俗的违背。其二，虚拟数字人对生者存在不良影响。由于虚拟数字人过于真实并能在一定程度上实现与生者的交互，长此以往可能会让人们模糊了生死的边界，对虚假之物形成无法戒掉的依赖，从而阻碍了生者在未来好好地生活。

七、网络伦理

元宇宙搭建在新一代互联网 Web 3.0 之上，即使未来元宇宙的经济系统搭建在区块链等可信网络之上，但其与现实的交互界面仍离不开高效的移动互联网。因此，也存在网络的伦理问题。网络伦理，突出体现在如下几个方面：

第一，网络谣言肆无忌惮。谣言作为一种普遍的社会舆论现象，常以口口相传的方式进行传播。与一般谣言相比，网络谣言无须面对面传播，具有传播速度快、范围广、途径多、危害大等特点，容易对人们的日常生活和社会稳定、国家形象造成严重影响。网络谣言所具有的特点，使其不能不引起全社会高度警惕。元宇宙中也少不了针对现实社会的谣言。

第二，个人隐私暴露无遗。网络为人们进行信息交流提供了无限可能。在信息的海洋中，公共信息与私人信息同在，人们在共享他人信息的同时，经常以牺牲个人信息为代价。互联网便捷了信息的流通，但也使个人的隐私信息暴露无遗。如何解决元宇宙用户的隐私泄露问题是个关键。

第三，网络诈骗层出不穷。网络欺诈是指利用网络技术在网络上通过非法编制诈骗程序、发布虚假信息、篡改数据资料等手段，非法获取信息、实物或金钱等网络违法行为。网络诈骗比其他诈骗更具隐蔽性和欺骗性，其诈骗手段更是层出不穷，常见的有黑客诈骗、网友诈骗、网络钓鱼诈骗等多种形式。网络诈骗严重危害人们的生命财产安全，甚至会危及社会秩序和国家安全。曾经风靡一时的《第二人生》(Second Life)游戏就因此而崩盘。

第四，网际关系疏离冷漠。随着信息网络的普及，人们的交流变得更加便捷和多样，人们的互动频率也显著增加。如果善加利用，这在很大程度上可以促进人际关系更加紧密。但由于网络信息的简单化和网络空间的虚拟化，反而疏离、冷漠了人际关系。现实社会中那种温情脉脉的人际关系在网络空间中异化为以网络和数字符号为中介、在超文本多媒体链接中实现"人—机—人"互动的冷冰冰的网际关系，具有了虚拟性、不确定性等特征。网际关系已严重危及人际关系的正常状态，使人与人之间的距离变得越来越远，人们之间的关系变得越来越淡。同时，长期网络社交者也将变得缺乏面对面社交的能力和勇气。

网络伦理失范造成了网络生活的失序，严重冲击了真实社会生活的伦理秩序。网络社会中出现的各种伦理失范问题，亟须根据其根源有针对性地进行治理。健全网络立法、加强网络安全执法，用法律来规范广大网民的网上行为，加强网络伦理规范建设及法律规范教育，是促进网络社会健康发展的重要措施和保障。

八、区块链伦理

区块链是元宇宙的价值网络、可信网络，是搭建经济系统的基础。新一代互联网 Web 3.0、DAO 等都是基于区块链构建的，而区块链是元宇宙两大基石之一。区块链技术具有可追溯性、不可篡改性等特征，也是可信网络、去中心化网络及分布式商业的核心基础。虽然技术是中性的，但其应用却取决于人性，可用于善，亦可用于恶，根本不存在价值中立的情形。因此，技术的应用必须符合科技伦理规范。那种坚持科技中立的态度实际上是对技术滥用的放纵与淡漠。

区块链上述技术特征完全可能被用于违法犯罪行为，比如发布色情、违背公序良俗的信息、虚假信息，用于洗钱、贩毒、组织恐怖活动等。对于在以区块链为基础构建的元宇宙中利用区块链技术从事违法犯罪的行为，必须予以规制。因此，区块链伦理十分重要。我们必须思考区块链涉及的伦理问题，例如隐私计算、区块链等技术是否能用以支持完善数据治理机制、加强数据隐私保护，并对可穿透、可溯源、便于审计的监管科技进行支持？

笔者认为，区块链伦理治理需要遵循如下五个基本原则，即：通用性（universality）、平等性（equality）、效用性（utility）、约束性（constraints）和发展性（development），这五个原则构成了区块链行业伦理框架的基础。

第十二章　内部治理伦理

一、数字身份伦理

　　数字身份是一个融合了科学、技术、法律、伦理、社会学、市场营销甚至哲学的概念。在发展和技术已远远领先于现有立法，并且在道德层面具有一定挑战性的时代，数字身份依旧是一个具有不确定性的话题，很多观点存在争议，相关概念十分模糊，发展方向仍在探索中。在现实世界中，人们有充分的机会来控制自己的身份，在任何需要的情况下，人们都可以将自己的数据提供给有需要的人，接受该数据的另一方则可以轻松地验证该数据的真实性和数据提供人的身份。然而在互联网上，一切都在迅速变化，出现了传输、收集和存储数据的第三方。这使得发送文档、标识符和其他重要信息的人失去了对其身份的控制。数据接收方也同样会遇到一个问题，就是要确保数据的真实性和传输数据的人就是数据提供者。

　　元宇宙是一个去中心化的开放平台，以区块链技术为支撑的虚拟现实具有多重性，一个现实世界里的人将会拥有多个数字身份。数字身份是界定主体并描述主体特征和属性的集合。在元宇宙的生态系统中，主体的数字身份特征会根据应用目的及情境状态的变化而不同。主体可以自己选择身份，购买代表身份的代币，且所有化身都可以在数字空间中进行交换和转移。在元宇宙等数字空间的发展蓝图中，主体的在线行为与离线行为相同，不同的主体通过不同的化身分享和关联不同的内容。这样一个具有高度沉浸感的虚拟空间产生了一系列数字身份难题：数字身份是什么？谁来认定身份？这样的疑问背后隐藏着数字身份盗用与身份数据滥用等问题，继而引发的是社会信任选择问题。社会信任机制将面临变革，而如何变革、由谁变革等问题，将成为影响伦理风险的关键变量。

对于从现实世界进入元宇宙的通行证——数字化身份，除了上述伦理问题之外，还存在一个用户去世后数字化身份的继承问题。虽然人类无法做到永远活在物质世界里，但互联网却可以让我们在虚拟世界里得到永生，这成为全球亿万想要和逝去爱人"重逢"的人的唯一希望。尽管"灵魂永生"听起来很不可思议，但随着技术的进步，"数字化永生"将成为可能，它代表着人类与死亡做出的最大抗争。如果看不到明天的太阳，你的身份账户和所有个人数据将会何去何从？2018年7月，德国联邦最高法院判决了全球的"数字化永生第一案"。

数字化永生，也可称作"虚拟永生"（Virtual Immortality），是指将某人的数字人格及记忆存储或转移至较人类肉体更加耐久的媒介（如电脑等）当中，并使之可以与未来人类进行交流。在此过程中，将会形成类似真实人格的虚拟化身，其行为、反应和思考方式都会趋近于其本真人格，也就是逝者的数字化虚拟人。

数字化永生的实现依托的是被化身人本身庞大的身份数据档案，这就需要用户提供自己的"数字遗产"，以此对身份进行还原。在被化身人逝去后，其化身会呈现两种状态：一是冻结其演化、学习过程，保持静止状态；二是根据被化身人人格特征继续学习、发展。据著名英国未来学家 Ian Pearson 预计，人类将在 2050 年达到一种数字化永生。那时，我们的身份与记忆将以数据形式存储在电脑当中。

一般来讲，实现数字化永生主要分为两步：第一步是记录被化身人曾听闻和表达过的言语，并将其数字化。据估算，想要充分记录某人一生当中所听闻的言语只需要不到 1TB 的数字存储空间，就现在的科技手段而言，是完全可行的。该途径现在所面临的最大问题之一是如何实现系统的语音与文本认知功能。第一步的实现还有另外一种途径：通过保存与分析被化身者在社交网络上的活动来绘制出其身份蓝图，将被化身人的身份进行完整复刻。第二步是使身份"成活"。该步骤使得化身可以继续其学习与演化过程，同未来人类进行交流互动。从技术上来讲，如果想要使身份"成活"，我们就必须在数字身份之中植入人工智能系统。之后，该系统将"被假定"具有思考能力，并会根据所存储的数据来应对外界刺激。

除了这两项主要过程之外，如果被化身者在化身制造完成后仍然在世，其化身将会经历一个"校准"过程。在此过程中，化身将和被化身者在言行、思考方式等维度无限趋近，最终或可成为"拥有同一思维的双胞胎"。

二、资本剥削与压榨

元宇宙由互联网科技巨头及资本推动建构的社会现实使得元宇宙存在着巨大的垄断张力，在缺乏有效监管和充分竞争的社会条件下，被垄断的元宇宙可能会发展成为资本剥削的新场域。也就是说，资本在元宇宙中的贪婪本性不会改变，在元宇宙里，在资本主导或创建的世界里，资本主体就可以肆无忌惮地进一步剥削压榨。一方面，资本主体会无偿占有元宇宙世界中的用户信息数据，"使私人数据逐渐商业化、产业化与金融化"，私人数据会成为资本主体谋取资本利益的重要资源。另一方面，资本主体会"利用数据的分享增值性、共享性特征，将部分技术与数据资产去中心化、去组织化，允许用户免费获取分享资源、共享技术平台，发挥数据的分享增值功能"，"无偿占有无数用户在自主性活动中为平台创造的源源不断的内容资源，以实现差异化、多样化的整体社会范围内跨专业、跨组织的个体动员与创意吸纳"。元宇宙资本主体能够凭借其对核心技术和数字资源的垄断地位无偿占有和强制剥削用户创造的剩余价值，但这种占有和剥削却具有极大的隐蔽性。这是因为在元宇宙世界中，用户的劳动与娱乐、工作时间与非工作时间不再处于泾渭分明的状态，边界的模糊性极大地遮蔽了资本主体的剥削性。

此外，数字智能技术的创新发展和广泛应用也在一定程度上为资本的隐蔽剥削提供了技术可能，以前现实世界中的资本剥削需要通过各种代理人和中介才能完成，但现在元宇宙中的资本剥削却可以通过算法和人工智能来完成，这种新型的剥削方式在大幅降低各种剥削成本的同时，也极大增加了资本主体对元宇宙用户进行剥削的隐蔽性。简而言之，元宇宙的垄断张力使元宇宙存在着成为资本剥削劳工的新场域的可能性，而随着未来元宇宙世界的不断扩展，资本或许也将在社会生产和生活的各个方面实现对人们的全方位侵蚀与控制[1]。

---

[1] 参见搜狐网于 2021 年 12 月 25 日发布的《警惕！元宇宙虽是新科技，但存在巨大风险！》一文。

三、资本垄断

元宇宙的底层是点对点互联的网络,从而在逻辑上绕过了对平台中介的需求,是对集中化的挑战。然而在现实中,虚拟资产的持有量越来越向投资大户和机构倾斜,实际上形成了去中心化的悖论,元宇宙依然是科技巨头与资本联合打造的新一代网络,形成了再中心化,从而形成分配结果上的中心化和垄断。

如今各个行业的巨头及资本纷纷布局元宇宙,这究竟是为什么呢?仅仅是因为他们看出来元宇宙是未来的发展趋势吗?其实也不完全是,恐怕争夺元宇宙中的生产资料也是最重要的一个原因。随着元宇宙的发展,可能会慢慢地出现一个趋势,那就是生产资料被掌握在少部分的企业手中。在现实生活中,阿里巴巴、美团的垄断行为至少还会有政府加以管控,那么在元宇宙中呢?在元宇宙中,只能任由资本进行垄断操作,普通用户也只能在没有法律保护的情况下消耗自己的时间为垄断巨头劳动。

四、欺诈

据报道,"元宇宙区块链游戏"(以下简称"链游")被一些商家宣传成能够"躺赚"的游戏,月收益甚至达到100%。不少业内人士表示,这类游戏不仅暗藏庞氏骗局,而且因为要用虚拟货币结算,其本身或可能已经涉嫌非法集资或金融诈骗。

从2021年8月1日起,英伟达宣布推出全球首个为"元宇宙"建立的基础模拟和协作平台,字节跳动斥巨资收购了VR创业公司

Pico，多种迹象似乎都在表明"元宇宙"时代正在到来，但是普通人对于"元宇宙"的概念，仍处于一知半解的懵懂阶段。不法分子利用大众对"元宇宙"的好奇心理，假借"元宇宙"的名头，行集资、诈骗之实。

移动互联时代的到来，社交媒体的快速发展，让大众获取信息的渠道愈加丰富。平台经济为各行各业带来的新商机，让不少网友认为自己既然已经错过了互联网流量变现的红利期，便要在新的风口领先一步。这些"链游"打着"躺赚""3 天就能回本""客户已资产翻倍"等直白的广告进行病毒式营销，网友一旦"感冒"，就掉入了不法分子的圈套。"赚钱的馅饼"变成了"骗钱的陷阱"，归根结底，网友不是对网络信息的自我甄别能力不够，而是在贪念的驱使下失去判断的理智。

笔者认为，元宇宙中存在的欺诈可能体现在如下几个方面。其一，元宇宙游戏中的诈骗，主要是打着"链游"的旗号的欺诈。其二，NFT 作品售卖欺诈。一些 NFT 发行者及交易平台利用公众对 NFT 缺乏认知，虚假宣传 NFT 权益，使得 NFT 售卖者受骗。其三，Token 募资与交易欺诈，涉嫌非法集资与金融诈骗。其四，元宇宙房地产交易等欺诈。一些平台打着售卖元宇宙中房地产的旗号进行欺诈。元宇宙中的欺诈需要进行规范治理，仅仅依靠元宇宙系统自身的治理是不够的，必须加强外部的监管与规制。

五、虚拟暴力

现实世界是不完美的，暴力、欺诈等问题普遍存在。同时，现实世界被政治精英集团及资本寡头所掌控，难以建立理想的秩序和世外桃源。正是因为对现实世界不满意，人们才会在另一个世界中寻找新的精神寄托与梦想。但是受限于技术，星辰大海还很遥远，于是，建立在虚拟世界上的元宇宙应运而生。元宇宙貌似为我们提供了一个新的构建"理想国"的方案：建立一个比现实世界拥有更多刺激、更多联系、更多自由和更多平等的数字世界。但如果现有的不完美在现实世界中得不到解决，它们很可能会在元宇宙世界中被复制和扩大。因为，现实世界中人性之恶同样会被带进元宇宙之中。因此，除了现实世界中的资本剥削压榨、资本垄断、欺诈等，现实世界的暴力同样会在元宇宙中出现，由硬暴力改为虚拟暴力、软暴力。

所谓的虚拟暴力是指发生在诸如元宇宙、网络游戏等虚拟数字空间中，由玩家控制的虚拟角色对其他玩家控制的角色实施暴力的行为。虚拟暴力绝不只有性骚扰、猥亵这一类，近年来随着VR/AR技术的发展，虚拟暴力变得普遍的同时也更加多样化。2016年10月，一名化名为Jordan Belamire的女性玩家写了一篇文章，讲述了她第一次玩虚拟现实游戏QuiVR.1的经历，其在游戏中遭受的不当骚扰使社会开始反思VR游戏甚至元宇宙潜在的问题。作为第一次使用VR设备进行游戏的玩家，Belamire最初与大家一样，为VR设备所带来的非凡的沉浸式体验感到兴奋，但随后她意识到，这种沉浸式体验除了会带来快乐外还有可能带来危害。根据Belamire的描述，在QuiVR.1的在线多人模式中，其他使用VR设备的玩家以一个头盔、一只拿弓箭的手和另一只漂浮的手的形象出现在游戏中。如果玩家不通过公共频道发出语音，其性别等特征并不会被其他玩家察觉。不幸的是，Belamire在公共频道发出声音、暴露了自己的女性身份后，一个使用 BigBro442 手柄的玩家开始用他自由漂浮的手"抚摸"Belamire 的游戏化身。在 Belamire 表示明确拒绝后这位玩家不仅没有停止不当的动作，反而变本加厉地抚摸 Belamire。这位玩家的越界行为不便细说，但其严重程度如果放在现实世界则足以构成强制猥亵罪。[①]

虚拟暴力实际上是现实暴力在数字世界（元宇宙）的延伸。早在 1993 年互联网发展的"远古时期"，记者朱利安·迪贝尔（Julian Dibbell）就曾发表了一篇题为《网络空间的强奸》（A Rape in Cyberspace）的文章。该文章记录了一起虚拟社区中一位玩家通过控制其他玩家的虚拟角色、声音等特征，做出一系列不当行为的事件，这应该是虚拟暴力最早的记录。

面对上述元宇宙中的暴力，必须进行规范治理，同时需要考虑新的法律法规，来弥补这一暴力行为对用户造成的心理创伤。目前现实世界的《中华人民共和国民法典》《中华人民共和国行政法规》及《中华人民共和国刑法》还较难完全适用于对元宇宙中的暴力行为定罪。

---

① 详情参见文章 She's been sexually assaulted 3 times——once in virtual reality。

第四篇

元宇宙治理

元宇宙的健康发展，除了对法律及伦理进行规范之外，元宇宙系统的治理同样重要，相对于中心化的互联网而言，构建在区块链技术之上带有去中心化基因的新一代互联网 Web 3.0 更应当强调其治理规则，因为在这样的生态系统内，其伦理、秩序更需要规范和治理，避免现实世界的恶在元宇宙世界大行其道，因为相对于现实世界，元宇宙毕竟缺少现实世界的严格法律及监管，更需要元宇宙系统内的自治。因此，元宇宙的治理应当是元宇宙健康发展最重要的基础和前提。

对元宇宙的治理应有前瞻性的考量。首先，涉及符号/象征和想象层面时，要赋予其充分的自由创造空间，不应急于出台一套标准化的制度体系，而应强调在自我意识基础上的自主管理和自我控制。其次，应该看到，不论元宇宙以何种技术路径实现，都发生于地球、社会和人自身之上，因此促进人的可持续性、社会的可持续性、自然的可持续性应成为元宇宙治理的基本价值诉求。最后，要对元宇宙可能导致的颠覆性社会价值伦理冲击展开深入研究。人一直生活在其用技术构建的世界里，元宇宙可能是技术世界的未来版本。在当前的技术路径下，最为突出的问题是数据正在替代信息成为新的技术世界的基础设施——数据就是人的行为，而元宇宙的构建似乎不能不基于对数据无时无刻、无处不在的监测。这亟待我们从自然、社会和个人的维度对此技术路径进行反思和讨论，以形成包括元宇宙在内的深度科技化未来的新的社会契约。

元宇宙是虚实相融的新世界，元宇宙实现了对时空的拓展，其未来面临着诸多风险，如虚拟人的归属问题，虚拟人的责任困境，人机交互下个人认知异化和行为异化等。当前，元宇宙整体发展处于初级阶段，其技术应用还处于低级层次。对于元宇宙的治理，可以采取边调研边发展边治理的方式，确保不出现重大风险，又能积极推进元宇宙产业发展。近期可在现有的制度、法律、政策框架内讨论，将当下的治理抓手落实在个人权力和利益关系层次。未来元宇宙治理需建立在充分调研的基础上，经过多元主体的社会大讨论，实现发展与治理的平衡，避免一刀切式的治理框架。要在发展过程中发现问题、分析问题、解决问题，实现精准式的动态治理。

元宇宙及现代社会很多问题的根源在于很多人混淆了符号和其所指的对象、混淆了拟像与真实。虚拟空间需要秩序，也需要治理。对于新技术可能带来的威胁，不能将其与之前的技术进行简单的归纳和类比，毕竟人工智能技术可能不需要拥有意识就足以毁灭人类，人们往往低估了新技术的次生危害。原则上技术是中立的，但技术是人性的"放大器"，对新技术的治理应该是动态的过程。元宇宙给我们带来价值创造的空间，我们需要将恶的部分剔除，将善的部分留下。

第十三章　元宇宙治理原则

互联网发展至今已超过 20 年，一方面，全球数字化这些年的发展积累成为元宇宙的重要基础；另一方面，元宇宙的发展也才刚刚开始，处于技术发展周期的启动期，还在试错和不停迭代的过程中，未来还有很长的路要走。

顶层治理方面，元宇宙强调的"开放"需要"有序"来加持。否则会因缺乏有效治理而使元宇宙变成"暗"宇宙，因此需要建立完善的规则体系，保证元宇宙可持续发展。

一、元宇宙治理的基本理念

经济学家朱嘉明认为，在谈元宇宙治理之前首先要明白一个重要前提，即谁将是影响元宇宙世界的主体？答案是有三个主体：首先是世界级企业，如游戏公司，微软所购买的暴雪公司；其次是元宇宙的玩家，即那些在数字经济中冲浪的年轻人；最后则是政府。制定规则的是政府，而政府却不是元宇宙的第一驱动者和第一推动力。现在，政府需要做四件事：一是从缺位到就位，明确自身的定位。关于元宇宙，众说纷纭，政府需要学习、观察、分析和辨别，以期对元宇宙进行判断和决策。二是建立政府协作联合治理的体制。元宇宙本来就是跨区域的，甚至是跨主权的，是难以进行传统物理性控制的。除非将所有的元宇宙封闭，否则解决了元宇宙A，大家会跑到元宇宙B。三是创建符合元宇宙特征的法律。现在在法律和法规方面，基本处于空白状态。四是形成元宇宙的税收模式。元宇宙中会出现经营活动，若要政府做出一定的贡献，那政府应该得到税收的报答。元宇宙世界发展的轨迹，是人类共同体的一种历史性的试验，所以元宇宙的治理，涉及对人类基本价值、基本规则的一些认知。在此基础上才能实现元宇宙与人类共同体的目标一致。

上海交通大学凯原法学院教授、博士生导师程金华认为，元宇宙基本治理逻辑有三个，即：现实世界为元宇宙发展提供法治、现实世界与元宇宙交互时进行共治以及元宇宙内部生态系统建设和运行的自治。

笔者认为，凡是人参与的世界，没有绝对的真空，必须依托规则来构建秩序。因此，元宇宙世界亦需要有如同现实社会运行中的标准化的社会规则、经济秩序、货币系统、文化体系等规划秩序。元宇宙的公共性和社会性使得中立第三方的追踪、监督及参与尤为重要。从元宇宙本身来看，其核心逻辑之一是"去中心化"，当下展望可利用区块链等技术达到。但由于涉及知识确权、行业垄断等潜在问题，仍需要中立第三方的监督保障。提升元宇宙治理能力，关键是践行精细化治理。元宇宙的规制需要现实世界的法律规则与元宇宙生态系统内的规则相结合。

二、分层：三层治理

根据前文所述，元宇宙存在数字孪生、数字原生及虚实相生三种形态。现实世界要为元宇宙提供技术基础设施建设以及前瞻性和体系性的制度基础设施建设，以确保其能够有序发展。感知技术与交互技术则让我们可以进入之前未曾抵达的数字虚拟空间——元宇宙。欲使元宇宙健康发展，必须有一套涵盖元宇宙系统的治理规则。而这个规则必须是分层的，即现实世界为元宇宙发展提供法治、现实世界与元宇宙交互时进行共治以及元宇宙内部生态系统建设和运行的自治。

（一）法治：外部规治

外部规治是指利用现实世界的法律规则去规治元宇宙中与现实世界紧密相关、互相连接的部分。元宇宙形成与发展的第一个阶段也基本是利用数字孪生技术对现实世界进行仿真、映射与理想化升级，是构建在现实世界基础之上的，而且元宇宙的发展也是由现实世界的科技巨头所主导和发起的。因此，与现实世界密不可分。很多元宇宙涉及的法律规则与现实世界有关，现实世界的法律规则可以用于对元宇宙相关事宜进行规治。也就是，现实世界为元宇宙发展提供法治。

比如，对现实世界仿真过程中涉及的知识产权问题、合约问题、侵权问题、元宇宙实施平台的监管问题、相关交易的规治问题、元宇宙平台的反垄断审查问题等，还有对元宇宙相关技术的法律、伦理规治，这都属于外部规治范畴，也就是可以利用现实世界现行的法律法规、监管规则去处理这些问题，目前的法律法规基本可以满足需求。

目前外部规治最大的一个法律问题是跨法域问题，元宇宙涉及不同主权国家的不同法律，如何统一协调各个主权国家之间的法律冲突与立法问题，是否考虑借鉴国际法的原则以及有关知识产权的国际贸易规则来处理相关问题，还需要深入研究。

（二）共治：内外合力

所谓的共治是指现实世界与元宇宙交互时进行共治。在交互层，元宇宙和现实世界的人、事与物发生直接的互动与相互影响，此时数字孪生应当受到两个世界制度规范的共同制约。换句话说，在交互层，现实世界的法律规范和元宇宙的制度规范实行共治。

共治的核心就是建构治理元宇宙的"法律+技术"二元规则体系，即现实世界的法律规则与元宇宙底层的区块链打造的机器信任技术所构建的规则，法律规则与技术规则相统一，对元宇宙进行规治。

（三）自治：社区自治

在元宇宙的最深处存在一个独立的生态系统，即元宇宙的自治系统。从社会建设的角度看，元宇宙也承载了部分人的乌托邦思想，认为元宇宙可以通过区块链的去中心化技术和去中心化自治组织来实现充分的自治模式，这部分体现在元宇宙的数字原生及虚实相生两个方面。这是人们对元宇宙充满期待的地方，也是争议、分歧最大的地方。

理论上构想,该系统完全是分布式的、去中心化的、自治的,外部法律法规不能触及这一块,外部的法律法规及监管仅涉及交互联系的部分,也就是上文谈到的外部治理与内外合力共治两部分。

但是,如前所述,这只是一种"乌托邦式"的期许,希望在元宇宙的数字虚拟世界中,通过区块链和DAO等去中心化的技术和组织,建设一个真正的自下而上的、民主的、自由的自治社区/共同体/社会。比如DAO,用户可以在这里投票并且决定平台运行的政策和规定。另一种方式是虚拟世界中的数据开源,给玩家在元宇宙中施展自己建设才华的充分自由。不得不说的是,在现实操作中,去中心化治理很难真正实现。没有绝对的去中心化和自治,根本不存在这样理想的真空。这就如同人们构建的无政府、无国界的乌托邦一样,即使有这样的乌托邦,也可能最终沦为一场灾难,事与愿违。因为元宇宙的构建者是科技巨头或创新巨头,元宇宙受制于科技巨头与资本寡头,不可能完全摆脱其最初的规则设置。所谓的达成共识,不过是后加入者认可最初的规则罢了。即使之后有了投票共识,也取决于投票权份额大小。

因此,以现实世界的刚性法律确认并保障元宇宙"去中心化治理"机制的实现,以及元宇宙内部生态系统建设和运行的自治,才是社区自治的基础与前提。

三、共识:群体共识

未来可能会有多个元宇宙,如同当下的互联网科技平台,构建元宇宙的基础设施无非是感知技术与区块链技术,这两个基础技术是公知技术、公用技术。因此，原理上人人都可以构建自己想象中与观念世界的元宇宙系统，但客观上很可能是现有的硬、软科技巨头与资本集团才有能力构建真正有想象力的元宇宙，但也不排除门口的野蛮人跨界成功。

但无论是哪种元宇宙，这些元宇宙都会连接起来，构成一个超级的宇宙系统，在这个大系统中存在若干个小宇宙。无论是超级宇宙还是小宇宙，在这些生态系统中，都必须存在一个基本的共识，虽然这个共识是自动的可执行的代码，但代码即法律。基于这种共识而产生信任，基于这个信任机制才能构建社区，有了社区才能构建生态系统。

因此，共识是元宇宙的治理核心。共识基于元宇宙所采用的区块链底层技术与经济系统或理念，该共识表达形式是代码，其共识的结构是共识机制，比如：BTC 区块链的共识机制（算力共识）、以太坊共识机制、EOS 共识机制等，最重要的自组织形式是 DAO。

在共识中，根据之前区块链公链、DeFi 及 DAO 的形成机制，并结合元宇宙框架，所谓的共识主要是由最初的元宇宙系统平台打造者基于元宇宙定位而构建，因为其共识具有公平性、可扩张性及经济系统的吸引力，更多的用户加入，然后通过协作、创作不断创建社区，构建社区，从而不断推进社区的发展。之后，在社区的发展过程中，若发现原有的共识机制不能适应社区发展，此刻才面临对共识机制进行表决选择的问题，如果出现比较大的分歧，任何一方都不能绝对主导，则用分叉机制解决分歧。比如 BTC 分叉的 BCH 等。

四、永续：永续性

所谓的永续性是指元宇宙的生态构建需要保持相对的稳定性、可用性、持久性。保证元宇宙长期稳定可使用，犹如地球、太阳一样，假如元宇宙系统因技术、平台、分歧、共识、网络安全、经济系统出现问题，也即不具有永续性，则这样的元宇宙难以建立。曾经接近元宇宙的《第二人生》(Second Life)就因为网络安全问题而崩溃。因此，永续性是元宇宙系统治理的其核心之一，缺乏永续性，元宇宙就不可能取得信任，而信任是一个生态系统发展的关键所在。但需要特别指出的是，共识的优化与迭代，若符合投票规则，则不属于对永续性治理规则的破坏。

五、开放：开放性

元宇宙必须是开放的、协作的、分布式的、正向激励的、自我激励的社区共建系统。开放性是元宇宙成长壮大完善之必须，虽然进入元宇宙或通过感知技术从现实世界进入元宇宙需要完成注册、认证等程序，从而获得一个数字身份，但是这些程序并不影响元宇宙的开放性，二者并不相悖。

所谓的开放性，就是指元宇宙采取开放型社区模式，凡是加入社区者均视为默认共识与规则者，这里是无国界、无种族、无肤色、无意识形态、无身份的，平等的、协作的、共建共享的社区。开放性是元宇宙能够包容成长、打造无限游戏和无边界社区的首要条件。"'人人参与共创、人人享有价值'的未来组织新形态，开放性是未来元宇宙最重要的特征之一。"元宇宙需要构建一个每个人都能参与的平台和生态,每个人都是消费者和创造者。

高度的开放、公开和透明将成为未来组织的发展趋势。未来元宇宙中所有项目的所有信息均将实时、完全公开,所有软件开发工具包(Soft Development Kit, SDK)、能力、编辑器、权限也都将开放,甚至源代码和管理资源信息也将公开,真正打造一个公开透明的元宇宙组织。

六、自治:自洽性

元宇宙的自治需要治理体系的自洽性,因为元宇宙的治理基础是共识,而这个共识是以代码作为法律的,构建在区块链的可信计算基础之上。因此,其自洽性主要表现为逻辑自洽与软件(代码自洽)两个方面。

首先是治理规则的逻辑自洽性。所谓的逻辑自洽性,简单地说就是若按照自身逻辑推演,自己可以证明自己本身至少不是矛盾或者错误的。科学研究本身就是具有自洽性的,建立于客观基础上,反之则建立于主观之上,最终归属不可证伪与证明,一个不能满足自洽性的理论或者方法显然是不攻自破的。元宇宙自治的自洽性就是要求元宇宙的治理规则、共识机制、经济模型等机制或规则具有逻辑自洽性,不能前后矛盾,不能忽左忽右,违反同一律等基本逻辑。这是元宇宙永续性的要求,也是元宇宙开放性、公平性的要求。

其次是代码自洽,元宇宙中代码即法律。所谓自洽,某个理论体系或者数学模型的内在逻辑一致,不含悖论。就计算机软件或代码而言，自洽是指各个模块、各个函数、各个功能之间对相同的问题，没有不同的看法。软件自洽和需求无关，在没有任何需求的情况下，一样可以检查系统的自洽性。自洽性是测试的一个基本工具。但是随着新需求的引入，今天的软件自洽，一定会打破原来的自洽，引入新一轮的自洽过程，从而进入新一级的自洽。在元宇宙经济模型中，无论是 FT 还是 NFT 的代币激励，这个激励体系背后的代码一定是自洽的，不存在安全漏洞，否则，如同充满漏洞的法律规则一样，会被违规者随意地钻法律空子。

七、共益：合作共赢

从经济社会来看，元宇宙为商业世界进一步透明、公正带来可能，将带动经济和社会进步，落地应用也已在路上。比如，目前数字孪生城市受到政府大力支持，吸引众多大型互联网公司入局，通过建立与物理城市并行的孪生虚拟城市，为城市运营降本增效。

对于囊括了众多前沿科技的元宇宙而言，也许科技并不一定总是向善，但在人人互联时代，唯有合作才能带来共赢，这是不变的真理。互联大合作时代，元宇宙未来可期。

元宇宙是一个开放的、永续的、公开透明的、公正的、自治的、协作的、去中心化的社区，在这个社区中，依靠共识、信任与激励机制而协作、共建与共享。因此，合作共赢是元宇宙良性成长的核心。这与中心化的模式完全不同，每个人都可以在贡献中获得激励或收获，正是这种合作共赢的激励机制使得每个参与者从社区成长中受益。

第十四章　元宇宙运行规则

尽管虚拟世界是对现实世界的完整模拟，但创造元宇宙的人们希望元宇宙虚拟世界中的社区或者运行规则能够有别于现实世界的中心化模式或规则，而运行在去中心化的基础上。人类创造虚拟世界的初衷是规避现实世界中的某些限制，例如互联网所带来的线上虚拟社交避免了必须长途跋涉才能与友人相会的限制，元宇宙将会带来更大程度上的限制解除，例如现实社会的身份地位限制、财富限制等。现实世界中存在资源分配不均、贫富悬殊等诸多难题，如果元宇宙摆脱不了中心化属性，那么不但无法优化现实世界的问题，反而会让问题变得更加突出。例如现实世界中有权有势的人利用现实世界中的资源或声望迅速积累大量财富，甚至设置权力偏倚的虚拟世界运行规则来搜刮财富，再将这些财富反馈到现实世界里。于是，元宇宙就成为使资源分配更加不均、扩大贫富差距的刽子手。

元宇宙作为另一个"平行宇宙"的意义是在某种程度上削弱现实世界的"中心特权"。DAO将不受任何国家、任何公司控制，组织成员可以在虚拟空间里创造价值，谁创造的价值越多，谁就在这个世界里拥有的价值越多，并且元宇宙世界会永远记录下创造者与其创造物的关系，其他人想要获得使用权、所有权就必须付出相应的代价,而在中心化的游戏世界里,所有的游戏道具都是可以拷贝使用的,而且几乎可以做到零成本拷贝。因此,元宇宙运行规则的理想模型是去中心化,虽然虚拟世界里也不存在理性化的、绝对的去中心化,但接近去中心化或分布式的去中心化思想是元宇宙的发展方向与运行规则。与现实世界相对应,虚拟世界也有其治理体系——虚拟治理体系,或元宇宙治理运行规则。

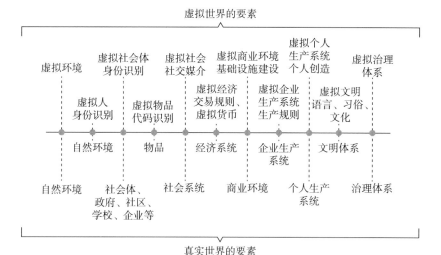

图 14.1 虚拟世界完整的世界结构①

一、治理规则

元宇宙治理规则主要解决的是如何决策与如何监管的问题。元宇宙的治理规则主要是指社区如何形成共识机制、形成决策、进行

---

① 上图来自东方财富网《德勤——元宇宙行业深度研究报告:愿景、技术和应对》一文。

监督以及如何接受外部监管的规则。元宇宙的核心问题在于治理结构，即未来谁将位于治理结构中的金字塔尖。

元宇宙中的治理结构是交错的，一方面，虚拟世界受现实人的管理，初期的元宇宙大多呈现这种治理结构，现实人编写代码创造虚拟世界，简单管理普通用户；另一方面，现实人受虚拟世界的制约和管理，而管理着现实世界人的这部分虚拟世界管理者背后又是另外一部分（可能是很小的一部分）现实世界的人以及由他们制定的虚拟世界的规则。

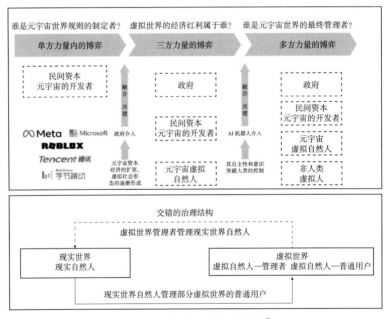

图 14.2　元宇宙的治理结构[①]

---

① 上图来自东方财富网《德勤——元宇宙行业深度研究报告：愿景、技术和应对》一文。

那么未来谁将位于治理结构中的金字塔尖？这个问题实质上自 AI 出现以来就存在，将来是人类统治机器人，还是人类最终会创造出一个超越人类本身的机器人？在第二种情况中，也许不是人类的本意，但 AI 的自学能力使得这些机器人最终超越了人类的智慧和能力，最终得以统治整个世界。这个问题之所以重要，在于元宇宙中的虚拟世界其实并不"虚"，是真真切切地有着巨大的经济力量和统治力量的。现在元宇宙的一些雏形，比如网络游戏中购买虚拟道具、网络社区中购买房产、虚拟货币交易等，已经显现出虚拟世界的经济能力，未来这种能力会急剧增强；同时，全球互联网巨擘的用户从数量上说已经超过世界上任何一个国家的人数。那么未来，谁在虚拟世界中说了算，虚拟世界中的经济红利属于谁，其实是所有元宇宙的创造者在设计元宇宙时就在考虑的问题。

元宇宙的治理规则必须解决好共识机制问题和监管问题。元宇宙的治理取决于元宇宙创造者最初设计的共识机制，并将共识机制代码化，产生具有自动执行功能的信任网络。加入该元宇宙的用户采用的是加入即认可共识的规则，但随着用户数量的增加、社区的不断扩大，就会发现原有的共识机制或运行机制需要优化，那么，就需要社区通过投票的方式来修改或优化共识机制。若无法达成共识，则将导致分叉。此外，对于社区运行机制及与现实世界的映射或关联，需要内外部的监管，内部的监管以"代码即法律"的形式自动执行，外部的监管有赖于现实世界的相关行政与司法部门依据现行法律法规进行规治与监管。

二、社交规则

民生证券发布的《元宇宙核心六问六答，如何看待它就是下一代互联网》研究报告指出，元宇宙的本质是下一代互联网。元宇宙将凭借超强的沉浸式体验、开放的创造系统、立体式的社交网络体系、去中心化的经济系统以及多样的文明形态重新定义互联网形态。报告认为，元宇宙的发展需要经历三个关键阶段：第一阶段（2021—2030年），沉浸式体验形成雏形，在虚拟世界中可以实现基本的娱乐、社交功能，少部分玩家对元宇宙形成归属感。第二阶段（2030—2050年），虚拟与现实概念逐渐模糊，更多现实世界的元素被接入虚拟网络中，元宇宙成为社会生活中重要的一部分。第三阶段（2050年以后），元宇宙发展至全真互联网的终极形态，虚拟与现实密不可分，新的文明在虚拟世界中形成。根据报告内容，当前元宇宙的发展正处于第一阶段，即集中于社交、游戏、内容等娱乐领域。在这一阶段中，社交网络将依托技术和产品设计逻辑的迭代，由2.0时代升级进化至立体化、沉浸式的3.0时代。社交网络1.0时代是以论坛+IM（Instant Message，即时通讯）形式的内容与社交相割裂的时代；社交网络2.0时代，是以Meta、人人网等为代表的"个人主页+关注模式社交网络"形式，内容与社交融为一体。而在社交网络3.0时代，社交网络体系呈现出立体化、沉浸式的特点，每个人都有自己的实体形象，可以享受比现实社会更加丰富的娱乐、休闲、办公、游戏场景，将在一个平行于现实世界的虚拟世界中拥有全新的形象和社交关系。

由上述可见，与现实世界及传统互联网中的社交一样，社交同样是元宇宙中最重要的活动及场景。那么社交规则就是确定元宇宙居民之间如何互动与如何交流的规则。

元宇宙具有沉浸式体验、开放的创造系统、立体式的社交网络体系、去中心化的经济系统以及多样的文明形态，因此开放性下的自由进退、沉浸式体验、立体化社交是元宇宙居民社交的三大基本特点。但没有规矩不成方圆，元宇宙的社交同样需要遵守一定的规则，这个规则可以不像现实世界法律法规那样苛刻，但必须契合元宇宙的共识机制与经济模型，维护基本的伦理道德。根据过去在虚拟世界中出现的案例，如性骚扰、欺诈、网络暴力等，这些行为的实施者对受害人造成精神或物质损害，同样需要承担一定的法律责任，因此必须构建基本的社交规则。

这个规则需要由用户数字身份认证、元宇宙构建者确立的社区行为准则、共识机制等构成，也需要DAO这样的机制以及智能合约规则，也少不了外部现实世界相关监管机构或司法部门的法律保障。对于严重违背法律与伦理的社交参与者的失德行为乃至违法犯罪行为给予制裁，以保护用户的权益。

三、商业规则

元宇宙作为一个新的生态，需要有相应的经济系统作为其动力及运作支撑，就像现实世界一样。在元宇宙世界里，其经济体系的构建，应包含至少五个方面：其一是数字创造，如何创造出数字化商品，是元宇宙要解决的第一点。如何支持简单便捷的数字创造，是元宇宙所构建经济系统的第一个核心问题。其二是数字资产，数字创造所产生的数字化的内容，可以作为数字资产，通过数字资产的产权属性，为未来的数字交易提供基础支撑。其三是数字市场，有了数字资产，明晰了产权，就可以通过构建数字市场，为数字资产提供交易平台，才能满足不同用户的交易诉求。其四是加密货币，有了数据市场，就需要有一个中间的介质作为衡量尺度，这就是加密货币。其五是激励机制，即如何激励参与者进行数字创造，创造价值。

而在上述这个经济系统中，必须有一套合理的、可信的、可自动执行的、分布式的、正向激励的、交易成本几乎为零的商业规则，也就是如何让元宇宙用户赚钱、交易、消费的商业规则。

首先，必须有可发挥用户创造性或便于其从事经济活动的应用场景，比如内容创作、游戏、社区贡献、记账、投票等；其次，必须有清晰的价值创造机制和规则，即参与者获得何种经济奖励，体现贡献与回报之间的正向激励——多劳多得。也就是赚钱的方式。再次，赚到钱如何进行交易、变现或理财。最后，如何在元宇宙社区中进行消费。唯有此，才能构建元宇宙完整的经济系统与闭环体系。

四、技术规则

元宇宙的技术规则是指用户或者元宇宙确定居民如何体验、参与和协作的运行规则。通俗而言，就是元宇宙使用说明书，即有关如何通过感知技术进入元宇宙后，使用元宇宙的功能模块，体验元宇宙、参与元宇宙社区活动以及与其他元宇宙居民进行协作的规则。

这个技术规则必须明确，无论背后的技术如何复杂，用户用起来必须简单、容易掌握，有良好的体验感与交互感，有深度的沉浸感，没有不适感与眩晕。这是每一个元宇宙系统创造者首先必须要做的事情，若没有良好的体验感与沉浸感，若缺少现实与虚拟的无界限感，用户就会弃之不用。当用户有了良好的体验感、有了活跃度之后，就要明确社区的参与和协作规则，如何玩儿得好？玩儿有什么好处？协作的机制是什么？协作有什么激励与回报？只有如此，才能形成正向的自我激励，才能形成良性发展。

五、内容规则

随着NFT的火热，元宇宙产生了一种有别于现实世界的创作经济，创作经济将成为元宇宙最重要的经济模式，未来的创作将不限于将现实世界作品仿真锻造成NFT，而是直接在线创作数字作品，美术、音乐、图片、文字、视频等，UGC将成为主要的创作模式，除了传统作品之外，各类建筑、城堡，以及开发技术代码、程序等，甚至创意都将成为创作经济的主要模式与对象。

在现实世界里，内容已成为传统互联网的重要载体，无论是字节跳动旗下的头条、抖音、西瓜视频，还是快手短视频、B站以及腾讯的微信，内容生产是其所有商业的前提与基础，以内容创造、内容分享、内容总评来吸引用户，从而构造新一代互联网。而在元宇宙世界里，内容创作将更是元宇宙经济体系的核心。

因此，内容规则是元宇宙运行的核心规则之一。所谓的内容规则就是在元宇宙生态系统中如何创作与建设内容创作、传播与规则。根据笔者理解，内容规则必须由以下几个重要部分组成：第一，内容创作的基本规范。元宇宙构建者需要建立本系统内用户内容创作的基本规范，该规范包括内容形式与要求，遵守相关规则，遵守相关法律法规等。第二，内容创作的激励体系。对于优质内容创作者、点评者、参与者、转发者给予激励的模式。第三，数字代币系统。激励机制的成果代币，可以在元宇宙内用于交易、支付与结算。该代币具有唯一性、安全性。这就是NFT代币的价值。

六、安全规则

虽然开放性、去中心化、多元化等是元宇宙的价值系统与理念，但是，基于网络安全、用户社交安全的考虑，元宇宙仍需要加强网络安全、技术安全、资产安全、用户信息安全、数据安全等安全措施，以确保用户资产安全、行为安全及个人隐私与商业秘密安全。

理论上，基于区块链这一底层技术构建的元宇宙具有安全性，但是基于区块链的不可能三角理论，为了提高效率，也可能会牺牲部分安全性能。此外，如同BTC区块链一样，元宇宙也可能存在算力寡头及元宇宙创造平台垄断的问题，从而导致用户安全的丧失。因此，必须考虑构建元宇宙的安全规则，只有构建安全可靠的、持久的、永续的元宇宙，才有可能形成与现实世界平行的宇宙。

所谓的安全规则就是如何认证用户身份、保护用户隐私、保护用户资产安全及保护元宇宙网络安全的规则。因此，安全规则至少应包括以下几点。其一，用户认证规则，对加入的用户进行认证审核，经认证的用户才拥有数字认证身份证书，才可以在元宇宙中参与有关活动。这样就有效保证了发生在元宇宙内的用户纠纷与侵权行为可以得到明确处理，也有利于投票机制的达成。其二，用户隐私安全保证机制，利用非对称加密技术保证用户个人隐私、商业秘密的安全。区分公开信息及重要商业信息，区别保护。其三，保护用户资产安全，防止网络攻击导致用户资产的丢失。其四，保护整个元宇宙网络的安全可靠，不宕机，持久运行，如同BTC区块链一样，BTC区块链在无任何管理组织及专门运营团队的情况下，已经持续地、稳定地、安全地运行了十多年。

第十五章　元宇宙止争规则

一、争议处理规则

争议处理规则是指元宇宙社区中解决处理用户（或数字居民）之间、用户与服务提供者之间、服务提供者之间、用户与元宇宙平台搭建者之间、服务提供者与元宇宙平台之间的分歧与利益纷争的规则，以及对共识机制、经济模型、关键技术迭代中投票机制所出现的分歧进行协调的规则。简而言之，元宇宙的争议处理规则就是解决元宇宙用户、元宇宙中服务提供商以及元宇宙平台三大主体之间纷争的规则。

笔者认为，上述处理规则有三大类，第一类是现实世界的相关政府部门、司法机关依据现实世界的法律规则对上述争议进行裁决或处理的规则和机制。第二类是现实的"法律规则与元宇宙可信技术（代码即规则）"相结合的规则，外部的法律规则本身就具有定分止争的功能，而在元宇宙的底层技术基础上搭建的DAO、智能合约等具有代码即法律的准法律规则功能，二者相结合，可以有效化解与处理元宇宙内相关争议。第三类是元宇宙内NFT、FT、DAO、共识机制、智能合约等本身具有的纯内部治理规则中，具有定分止争功能的机制。这类规则是元宇宙自身具有的，而非外部规则介入的。

二、法律确权规则

所谓的元宇宙法律确权规则是指元宇宙针对创作经济模式的权利归属进行确认的规则，根据目前的有限理解，元宇宙需要确权的可能有三类：一类是创作经济中的知识产权归属，另一类是元宇宙内所谓的领地权属（比如购买的房地产或星球、岛屿、建筑等），第三类是数字权确认。

上述三类权利的权属确认，涉及现实世界法律规则、元宇宙内部治理规则及二者相结合的规则。比如，针对现实世界原创作品的 NFT 铸造上链发行行为，上链后的作品发行的 NFT 究竟包含哪些权利？权利如何行使？以及原创作品的保护、NFT 作品的归属等，相关侵权的处理等，这都属于现实世界知识产权法的范畴，可由知识产权行政执法部门及司法部门采取行政保护或司法保护的方式予以解决。

对于纯粹的数字作品，比如直接在网上或链上创作的产品，其权利归属则应当以现行知识产权法律及元宇宙社区规则相结合的方式进行确权。此外，还有一种权利归属完全依据元宇宙内部的确权规则进行确认，比如比特币、以太坊等基于其共识与经济模型给记账员（矿工）自动发放的代币，这个权属就是直接按照元宇宙的治理规则予以确认，无须依赖于外部法律规则及相关部门进行确权。

三、监管适度规则

所谓的元宇宙监管适度规则是指元宇宙的监管要采用外部法律

监管适当介入、谨慎介入的原则，发挥元宇宙内部治理规则的主动性、自治性。

如上文所述，理想化的元宇宙应当是自治的、开放的、去中心化的，在理想的模型中，根本就不应当存在由外部监管机构进行监管的问题，因为元宇宙本身就是人们对中心化的机构、外部世界治理模式感到厌倦与失望，才基于技术与规则构建的一个理想化的平行世界。因此，一旦外部监管机构介入元宇宙，这与元宇宙的理想与初衷是背离的，但是，现实中根本不存在所谓的完全的去中心化，无任何监管的绝对自由的世界，这只会带来无序、混乱与灾难。

因此，元宇宙的发现需要外部世界适当地监管，我们需要考虑的是减少外部监管，而非完全地去外部监管。

第五篇

元宇宙监管

第十六章　监管原则

随着元宇宙相关技术蓬勃发展,应警惕和防范虚火过旺的元宇宙概念炒作及各式各样的骗局,提前规划元宇宙的治理规则,确保在其建立伊始便树立正确的发展原则,树立对元宇宙的监管理念。从经济活动、信息安全、伦理道德、国际协同等多个方面进行监管和规制。

一、经济活动监管

对元宇宙的有关经济活动设置动态监管,防止一些机构打着元宇宙的旗号进行炒作与从事违法勾当,防止元宇宙在发展之初就走上邪路(对打着"元宇宙"的旗号进行虚拟交易的行为实施全链条跟踪备份)。在实现元宇宙愿景形态的过程中,伴随着多样化的商业化探索和尝试,现阶段由于技术发展的局限,元宇宙的雏形产品还存在很大争议,商业模式也存在较强的不确定性,短期的过度热捧更像是资本操作下的阶段性泡沫收割。一些不法分子甚至编造虚假元宇宙投资项目吸收资金,涉嫌非法集资、诈骗等违法犯罪活动。还有一些不法分子变相从事元宇宙虚拟币交易,通过诱导投资、操纵价格等手段非法牟利。因此,要加强对经济活动方面的监管，要加强对元宇宙炒作风险的监测预警。市场监管部门应协同银行、网信、公安等部门持续完善技术监测手段，并建立各监管部门间的信息共享和快速反应机制，加强线上监控、线下摸排、资金监测的有效衔接。同时，加强对元宇宙相关市场主体登记和带有"元宇宙"字样广告的管理，对虚假广告、夸大宣传的行为要及时查处。

二、信息安全监管

要加强元宇宙的信息安全监管，以加强网络安全、信息安全和对护商业秘密及个人隐私的保护。元宇宙涉及诸多信息技术，可能集成海量数据，这些数据将涉及众多信息与个人隐私。深度合成技术就是元宇宙中一个典型的科技应用"双刃剑"，只有为其划定适当的使用范围，才是真正意义上的科技利民。应该对深度合成内容的用途、标记、使用范围以及滥用技术的处罚作出具体规定，同时明确责任主体，才能真正实现"技术向善"。此外，元宇宙平台还会收集海量的用户数据，包括从生物特征、行为模式到神经活动模式，随着虚拟现实应用越来越普及和逼真，元宇宙会以新的方式威胁着人们的隐私。在元宇宙中，由于生物识别与用户的关联性，一旦被泄露将会永久遭受损失，使用户陷入各种风险中。因此，应加强信息安全监管。

三、伦理道德监管

应当注意元宇宙内的伦理道德监管。如前文所述,元宇宙不仅存在诸多法律规则问题,还涉及众多伦理道德问题,法律与治理的问题需要加强监管,伦理道德的问题同样也需要规范治理和监管。避免元宇宙发展走向歪路。元宇宙吸引着各种现代科技涌入,模糊了人们对生命与非生命、现实与虚拟的认知,挑战社会的伦理底线。元宇宙是科技发展的新阶段,应坚守科技以人为本、不损害人类利益的基本伦理,确保科技向善。"元宇宙的虚拟世界具有感官交互、沉浸体验等特性,本身具备成瘾属性。人属于社会性群居类别,对社交有强烈需求,但过度沉迷于虚拟网络空间还会导致用户产生孤独、抑郁的心理以及增加用户的行为攻击性,因此必须对未成年人在元宇宙中的行为进行正向引导,限制其实施不符合其心智发育水平的行为,建议保护未成年人的法规持续建设工作要与新产业的发展同步推进。

四、跨境合作监管

元宇宙作为与现实世界相对应的虚拟世界和平行世界,涉及跨境、跨界及跨法域的复杂法律规则问题,因此,应当加强国际协同监管。中国应当积极应对与参与,为元宇宙国际治理提供中国方案。如前文所述,元宇宙与物理世界发生各种联动,不可能完全去中心化,因此,仍需要中心化组织的法治规则、各国的参与和国家间的合作,方能为元宇宙运转的稳定与安全提供支撑。由于元宇宙经济处于初具雏形阶段，其法治保障体系也应保持弹性发展空间，以最大的包容度接纳新技术驱动下的新市场，甚至将来可能跳脱出物理世界的传统法治理念，重新建立能够应对元宇宙经济体系的新法治规则。但是目前整体上国际社会对元宇宙出台的科技监管法规不多，存在一定的监管盲区。需要加强国际协调监管，避免元宇宙利用各国之间的"各扫门前雪"大行其道。

五、虚实衔接监管

元宇宙并非完全脱离现实世界、孤立存在的平行宇宙或另一个世界，而是人类利用技术打造的与现实世界发生密切联系、相互关联的相对理想化的虚拟时空，技术的进步只是进一步模糊或淡化了二者的边界，但并未改变元宇宙的本质。

就元宇宙与现实世界的关系而言，元宇宙发展的第一个阶段是现实世界的映射化或仿真，利用交互技术让现实世界的人们沉浸在虚拟的时空中，但元宇宙中大部分的物体、镜像仍然来自现实世界的升级版、理想化、美化了的东西。进入第二阶段之后，元宇宙才可能基于数字世界、虚拟世界本身进行再创造，完全脱离现实世界的真实，不再仅仅是映射。进入第三个阶段之后，元宇宙世界中的诸多东西将被元宇宙用户用于改造现实世界，虽然人的大脑与思维可以停留在元宇宙之中，但人的肉身毕竟还在现实世界之中，还要受制于现实世界的约束和法律规则的监管。因此，人类对于元宇宙中美好的部分，势必有运用其改造现实世界的冲动。

除了上述之外，一个最显著的例子就是无论是在现实世界还是在虚拟世界，人还是那个人，人还是无法摆脱自己的肉身去完全虚拟地生活。因此，这必然注定元宇宙与现实世界的联系具有不可分割性，也就必然会使得元宇宙中的行为与活动离不开现实世界的法律监管与规制。由此可见，元宇宙的监管一定是内外部结合的监管，虚拟世界与现实世界虚实衔接的监管。

第十七章　安全监管

元宇宙是多种新技术的复杂组合体，感知技术是其实现虚实衔接的重要技术，区块链技术是其治理、经济、规则等的核心底层，而基于区块链技术构建的新一代网络 Web 3.0 则是元宇宙运行的网络数据基础。既然是新一代网络，也就存在网络、数据安全问题，由于涉及跨国界的用户交互，也就存在国家信息安全、企业与组织的商业秘密及个人信息与隐私的安全问题。因此，涉及元宇宙的监管也就必然涉及如下两大安全的监管。

一、数据与网络监管

(一) 数据安全

首先，元宇宙的运行涉及数据的安全监管问题。元宇宙涉及诸多信息技术，其中，深度合成技术就可能集成海量数据。这些数据可能涉及国家安全、公共安全、企业商业秘密及个人的隐私，而区块链技术的特征则可能使得这些数据公开化（公开透明），如何保护这些重要的数据就成了元宇宙监管过程中需要重点解决的问题。如何划分公共信息数据与涉及国家安全、公共安全、企业商业秘密及个人隐私的数据，采取不同的安全与加密措施？元宇宙若想健康发展，必须先解决这个问题，否则，元宇宙只能沦为游戏及信息传播的工具。

对于上述数据安全问题，既要有明确的外部法律法规予以规制和监管，也要有元宇宙内部的治理规则，内外结合来确保元宇宙系统内数据的安全。就外部法律法规而言，欧盟、美国及中国已经出台了数据安全的法律法规，注重对数据这一新型的重要生产资料进行保护。该方面需要注意的是元宇宙跨国界的数据安全问题，比如滴滴汽车在美国一经上市就因为数据安全问题受到监管部门的严格调查。如何解决元宇宙中数据的跨境安全，也是一个重要的问题，需要慎重考虑并加以解决。

此外，元宇宙治理规则中，在技术设计方面，也必须考虑数据安全问题，比如公开数据与非公开数据的分级与加密保护问题，数据安全的技术保障问题等。

（二）网络安全

元宇宙是基于区块链技术构建的新一代网络——Web 3.0，既然是新一代的网络也就存在网络安全问题。虽然，我们知道区块链技术的特性，比如非对称加密技术、可追溯、去中心化网络（分布式账本）、共识机制、拜占庭将军问题（一种抗干扰算法，用于解决一致性与正确性问题）及51%算力攻击问题等，但是在实践中，同样存在网络安全问题。比特币的分叉、以太坊的分叉，现实中算力寡头的垄断，以及未来搭建元宇宙系统的科技巨头，实际上具有掌控元宇宙系统的部分能力，这都导致理想中的区块链安全大打折扣，存在网络安全隐患与风险。

网络安全监管机制也有内外两个机制，外部机制是现行的有关网络安全的法律法规及网络安全等级保护等技术性规章，内部机制则是元宇宙内部治理机制基于技术设置的网络安全保护，这类属于技术性的网络安全保护，目的是避免出现漏洞，造成网络攻击。网络安全事关数据安全、信息安全及个人隐私安全。

二、信息与隐私监管

（一）信息安全

元宇宙涉及诸多信息技术，可能集成海量数据，这些数据将涉及国家安全、公共事务、企业商业秘密等信息。再加之元宇宙天然的跨国界属性，又涉及这些信息数据跨境流动的问题，这就事关国家信息安全。因此，同样需要加强元宇宙的信息安全监管。

元宇宙的信息安全监管同样有内外两个机制，外部机制是现行的有关信息安全的法律法规，内部机制则是元宇宙内部治理机制基于技术设置的信息安全保护。

（二）隐私保护

当下由于 AI 技术的运用，基于生物特征的人脸识别技术拆取了用户重要信息，一旦这些信息被非法利用和泄露，将严重影响行为人的人身安全。元宇宙的各个环节都可能涉及个人隐私的泄露，比如，用户注册登录获取数字身份的有关信息，用户参与社交的身份信息，用户参与经济活动的有关信息，用户交易信息，用户创作获益的有关信息，用户数字资产信息等。这些信息都事关用户个人重大隐私。

元宇宙未来最重要的参与主体是个人用户,因此,一定要注意加强对个人用户隐私信息的保护。制裁非法泄露与利用个人信息的不法分子。加强隐私保护与监管,十分重要且必要。

第十八章　治理监管

如前文所述，根据元宇宙的发展逻辑，元宇宙的治理监管应当有三个方面。其一，外部世界行政管理机构依据现行的法律法规对元宇宙有关事项进行监管，该部分主要涉及虚实衔接的有关事项；其二，元宇宙生态系统内的治理规则，这部分主要靠社区共识，以代码即法律的形式体现为规则，主要针对的是纯粹元宇宙内部的治理规则问题；其三，外部法律法规与元宇宙内部治理规则相结合的监管。由此可得出，元宇宙内部的代码即法律规则也需要遵守现实法律的约束。

上述监管模式，在现实世界有相关实例。比如《中华人民共和国公司法》，它采取的立法模式就是三个层次。其一，法律法规强制干预的部分，公司必须遵守该部分法律法规，没有丝毫可以通过自由约定进行自治的余地；其二，完全可以由公司章程或股东签署的投资协议进行自由约定的部分，这部分充分体现自治，法律尊重当事人的自由意志；其三，公司章程与股东投资协议可以在法律规定的范畴内进行适当的约定，若约定不违背法律规定及立法精神，则为有效，法律不再调整与干预。

通过上述对比，不难看出，在目前有限的理解范畴内，元宇宙的监管模式类似于现实世界《中华人民共和国公司法》的立法模式。但是，元宇宙毕竟是另一个平行世界，监管模式的其扩展度与自由度非《中华人民共和国公司法》可同日而语。

元宇宙的发展也必须遵守两大底线，即合法底线与科技伦理底线。所谓的合法底线是指作为下一代互联网形态的元宇宙平台想要合规经营，必须首先遵守刑法（法律最底线是刑法）的要求，在合乎刑法的基础上运营发展，进而寻求遵守法律、符合法律规定的发展路径。所谓的科技伦理底线是指元宇宙的创新必须遵守基本的价值观念、社会公德和行为规范。接下来，笔者将从五个方面阐释元宇宙的治理监管。

一、平台监管

元宇宙的平台有两种类型。其一，由互联网科技公司或巨头搭建的元宇宙生态系统，比如微软、英伟达、Meta 搭建的元宇宙系统。其二，元宇宙生态系统内提供服务的若干个 DAO。所谓的平台的监管是指针对元宇宙平台本身及其生态系统内提供服务的平台两部分的监管。

（一）针对元宇宙平台本身的监管

如前所述，元宇宙平台本身是"感知技术＋区块链底层技术＋若干新技术"的复杂组合体。因此，对于以这些新技术为主体构建的元宇宙平台的监管，其实存在两大方面的监管。其一，就是对相关的技术本身进行监管，审查这些技术在具体行为上存在的法律、伦理问题。虽然技术是中立的，但技术使用者却可以将技术用于不同的目的。为此，对这些新技术的使用进行监管是必须的。其二，对由这些新技术构建的元宇宙平台本身进行监管，这些元宇宙平台涉及用户隐私、经济模型、金融服务等，均可能与现行法律法规相抵触，冲击现实世界的既有秩序，因此，需要监管。比如，侧重于游戏的元宇宙平台是否需要遵守游戏平台的法律法规？侧重于创作经济的元宇宙平台是否需要遵守知识产权交易的有关法律法规和获得相关资质？

此外，在对元宇宙平台进行监管时，也需要兼顾两个方面，其一，是否合法，是否遵守法律法规的基本底线。其二，是否符合基本的科技伦理道德规范。这两个方面是判断与监督的依据与维度。

（二）针对元宇宙内提供服务的平台的监管

元宇宙生态系统内会形成用户、服务提供者两大类参与主体。用户有公司、组织、政府机构及个人主体。服务提供者有平台或个人等。在元宇宙生态体系内，服务提供者是社交、游戏、商务、经济、金融、创作等服务的重要载体，离开了这些服务提供者，元宇宙生态难以建立，经济活动难以持续，创作经济激励不足。因此，元宇宙内提供服务的平台是元宇宙重要的参与主体。

针对该主体，由于其涉及元宇宙生态体系内各类活动，比如社交、游戏、创作、交易、金融服务、经济活动、商务活动、社区建设等，这些活动虽然发生在虚拟世界内，但参与者都是现实世界个体。这些活动最终会影响到现实世界每一个个体的权益，比如数字资产、著作权、财产权、人格权及精神问题等。此外，元宇宙社区内的社交活动引发的性骚扰和侮辱行为，对现实世界的个体造成精神损害，这就需要对相关行为进行监管，并且能给予受害者司法救济。而这些在元宇宙的内部治理体系内，所采取的措施仅仅是根据平台的规则进行权利限制，比如注销账号、限制账号等。其维权力度显然不足，难以起到制约或警示作用，也无法弥补受害者的损失。

针对元宇宙内服务提供平台的监管原则，同样适用于上述针对元宇宙平台本身的监管，在此不再赘述。

二、主体监管

元宇宙有三大类主体，即元宇宙平台、元宇宙内服务平台及用户等。这三类主体是元宇宙生态的主要参与者，其行为应当受到元宇宙平台外的法律规则监管及元宇宙平台内治理规则的制约。换言之，元宇宙的主体行为需要接受外部世界现行法律法规的监管，不能违反现行法律法规，同时，也需要接受元宇宙内部治理规则的制约，不能违反元宇宙社区的共识与规则。

对元宇宙平台这一主体的监管主要是审查准入资质及元宇宙所涉方向的合规性，换言之，就是从元宇宙平台设立的资质进行监管，同时对其发展方向的合规性进行审核监督，保证元宇宙平台主体的合法合规性。避免一些科技公司打着元宇宙的旗号从事违法犯罪勾当，破坏元宇宙健康发展。

对于元宇宙内服务平台的主体监管主要是考察两个方面。其一，该服务平台是否符合元宇宙内部的治理规则，对此，元宇宙社区有审查义务，依据治理规则、平台规则及交易规则进行处理；其二，该服务平台必须遵守现实世界的现行法律法规，规范自身行为，避免损害元宇宙用户的合法权益。

对于元宇宙用户主体的监管，主要在于对其用户身份的审核，以及对其在元宇宙内有关行为的审核监督。使得其行为不仅符合元宇宙生态系统的治理规则，还符合现行法律法规的规定，同时也不得违背基本的伦理道德。

三、虚拟金融监管

元宇宙的经济系统构建的理念是形成以正向的自我激励为机制的可信、协作型社区经济。在该模式下，激励机制是根据共识机制或 DAO、智能合约等代码来运行，来自动执行的。激励的标的就是 Token，而 Token 有两种类型，一种是 FT，比如比特币、以太坊等；另一种是 NFT，这是当下火热的艺术或创作经济激励模式。此外，还有支付方式、交易模式，以及针对这些 Token 的自金融服务（企业或个人在不依赖金融中介机构的情况下而自主开展的金融行为）、DeFi 模式等，而这些都涉及元宇宙内的金融服务，属于典型的虚拟金融或者元宇宙内的数字金融体系。

元宇宙内这些金融服务是元宇宙的重要组成，是经济系统的核心。没有这些金融服务，元宇宙难以称为平行于现实世界的虚拟世界。但是，这些虚拟金融服务不可避免地与现实世界的法定货币或物品产生关联，并且在一定程度上冲击到法定货币，因此，既要考虑到元宇宙内虚拟金融的重要作用，又要兼顾现实世界的法定货币秩序不受冲击，这就需要科学地对元宇宙内的虚拟金融进行监管。

对虚拟金融的监管主要集中在 5 个方面，以 NFT 监管为例，应当包括：（1）涉嫌类似于 ICO 的非法集资；（2）涉嫌违反反洗钱、反恐怖及外汇管制的有关规定；（3）涉嫌非法发行证券；（4）关于禁止金融机构和支付机构开展与此相关的业务；（5）交易平台涉嫌为虚拟货币提供交易服务。

四、内容监管

针对元宇宙内容的监管主要涉及两个方面：其一，元宇宙中与创作经济有关的内容所涉及的知识产权问题；其二，元宇宙内发布的有关信息、图片、视频、音乐等涉及与现行法律法规冲突的内容。

与创作经济有关的内容所涉及的知识产权问题，体现在最近火热的艺术品 NFT 领域，该方面的监管与规制主要是考查 NFT 界定的权利与义务，NFT 与现实世界原创作品的著作权权利关联问题。不得损害其他知识产权人的合法权利。

元宇宙内发布的有关信息、图片、视频、音乐等涉及与现行法律法规冲突的内容，是最需要关注的问题。因为元宇宙基于区块链技术底层，搭建在新一代网络 Web 3.0 上，该技术特性决定了发布内容的不可篡改、可追溯等特性。那么，对于严重违反一国法律法规、违背公序良俗的内容，一旦在元宇宙内传播，其影响及侵害范围是极大的。因此，如何有效监管元宇宙内容是一个重要的内容监管问题。对于违法传播的内容及严重侵犯他人权益的内容，是否可以用互联网的"避风港"原则，元宇宙平台是否应该负有与互联网平台一样的审查义务或责任，是否应当为监管部门留下监管接口，这都是需要认真思考的问题。

五、刑事犯罪

伴随着元宇宙元年的东风，在逐利思维的驱使下，鱼龙混杂，一些违法犯罪沉渣泛起。各种元宇宙培训班已经遍布互联网，其中可能存在以培训之名行传销之实的现象。此外，在NFT的法律属性尚未明确的背景下，如果相关平台盲目地开展与NFT有关的发行、交易活动，不仅可能要承担相关民事与行政责任，严重者亦可能涉嫌侵犯著作权罪、侵犯公民个人信息罪、非法经营罪、集资诈骗罪、洗钱罪等刑事犯罪。

除上述之外，随着元宇宙的发展和生态建设，在元宇宙系统内还可能涌现出新型的刑事犯罪，比如新型的侵犯数字财产罪，新型的网络犯罪、新型的侵犯人身权利犯罪等。

由于元宇宙具有跨国界的特性，元宇宙内就存在跨国界、跨法域的刑事犯罪问题，这就涉及法律适用及刑事犯罪管辖问题。如果某行为被A国刑法认定为犯罪，而B国法律不认定其为犯罪，如何适用法律？在元宇宙内实施的犯罪行为，如何认定犯罪行为发生地？如何确定刑事管辖地？如果发生管辖争议，如何解决？是否存在跨境刑事合作问题等，这都带来了新型的疑难的法律问题，也都超出了现行法律的框架与理念范畴，需要在未来不断探索与研究。

根据《禁止传销条例》的相关规定，组织策划传销，参加传销，介绍、诱骗、胁迫他人参加传销等，均为违法行为，将在不同程度上承担相应的法律责任。其中，组织、领导传销活动者，在符号刑法第 224 条之一的要件时，将被判处五年以下有期徒刑或者拘役，并处罚金；情节严重的，处五年以上有期徒刑，并处罚金。《最高人民法院、最高人民检察院、公安部关于办理组织领导传销活动刑事案件适用法律若干问题的意见》对于该罪的具体适用作了更为清晰具体的阐释。无论是培训者、还是受训者，都需要高度警惕涉嫌传销的元宇宙培训活动。